세번째 수상집

올해의 이야기

이상숙 지음

사단법인 통섭불교원

차례

머리말

1. 올해의 이야기

올해의 이야기	11
김 안나는 숭늉같은 여인	19
터주대감이 죽었다	22
장미꽃다발	25
허망함이란	28
죽는다는 것	31
꽃은 피고지고	34
농술, 농옥, 농숙	37
구멍난 속옷	40

2. 조그마한 세상 이야기

라오스 여행기	45
나트랑, 달랏 여행기	49
코털	54
개에게도 불성이 있다	57
미대동 사는 친구	60
설날	63

쓸쓸한 날 66
언덕 위의 하얀 집 69
두루미 참선 72
봉쇄수도원 카르투시오 75

3. 좋은 책 이야기
고향은 어떻게 소설이 되는가 81
반 고흐 영혼의 편지 84
행복의 기원 87
나의 마지막 엄마 90
아름다운 인생은 얼굴에 남는다 93
베갯머리 서책 96
소크라테스 익스프레스 99
미켈란젤로와 교황의 천장 103
지금 이 순간이 나의 집입니다 107
유쾌하게 나이드는 법 58 110

4. 생각하는 책 이야기
나쁜 책 115
은수저 118
문구점의 비둘기(츠바키 문구점) 121

아메리칸 프로메테우스	124
예수의 할아버지	128
꼬리	131
삶이 나를 어디로 데려가든	134
사람사전	137
청령일기(청령-하루살이)	141
참선	145
톨스토이기 번역한 노자 도덕경	148
개	150
마음	153

5. 책 이야기

소크라테스, 붓다를 만나다	159
카라바조, 이중성의 살인미학	162
관촌수필	165
채식주의자	168
화두, 나를 부르는 소리	171
소로우의 야생화 일기	174
여행할 권리	177
몸의 일기	180
실비아 폴라스의 시전집	183
IQ84	186

6. 영화 이야기

아가씨	193
맨체스터 바이 더 시	197
옥자	200
세 얼간이	203
무문관	206
레이디 버드	209
페인티드 베일	212
보헤미안 랩소디	215
기생충	218
피아니스트의 전설	221
미나리	224

머리말

　나이가 들수록 반짝이는 그리고 설레이는 이야기는 별로 없다. 문 밖을 나가서 경험할 기회도 줄어들었다.
　무상이라 했던가! 어느 것도 그대로 자리를 지켜주지 않았다. 이제는 그리운 이름으로 남아 버린 혈연들의 빈자리가 이야기 없음을 채웠다. 어쩌면 올해의 새로운 이야기들은 채움보다는 상실이 큼도 무상함 때문일까.
　아주 드물게 아름다운 에피소드가 있기는 하다. 그 때문에 삶의 향기를 느끼기도 한다. 사랑하는 몇몇의 인연들이 혼인의 짝을 만났다. 커다란 궁궐같은 곳에서 천사처럼 내려앉고 또 비밀의 화원에서 백마 탄 왕자를 따라 나선 어여쁜 사람들. 그들이 자꾸만 비워가는 삶에 에피소드를 채웠다. 그래서 살만 하기도 하다.
　세상이 다 보이는 창가에 앉아서 별별 이야기를 읽었다. 책속에는 젊어서는 타인은 지옥일 수 있다고 했지만 늙어가면 오히려 타인을 통해 외로움을 벗어나는 방법도 가르쳤다. '책 속으로 걸어 들어가 삶을 읽고 세계를 읽고 자기 내면에 쓰여진 비밀스런 빛의 글자를 읽을 수 있다'고 한 어느 시인의 말처럼 나는 책 읽기가 좋다. 그래서 외롭지는 않다.

2025년 광복절에

이 새벽

1. 올해의 이야기

올해의 이야기
김안나는 숭늉같은 여인
터주대감이 죽었다
장미꽃다발
허망함이란
죽는다는 것
꽃은 피고지고
농술, 농옥, 농숙
구멍난 속옷

올해의 이야기

올해의 책-존 리의 부자되는 습관

　친구의 초대로 존 리 대표의 강연을 듣고 즉석에서 산 책이다. 평소에 경제에 관계된 책은 잘 사지 않고 보지도 않았기 때문에 관심이 적었다. 그날의 짧은 만남과 강연이 만족스럽지 않았고 또 어떻게 하면 부자가 되는 것인가에 대한 명쾌한 답이 책 속에 있을까하는 기대에 책을 구입했다. 내용이 쉽고 명쾌했다. 근원적으로 돈을 대하는 마음과 일찍부터 돈에 대한 관심과 이해를 해야만 된다고 한다. 많이 가진 자들에 대한 못 가진 자들의 억하심정과 불만, 불평이 얼마나 보잘 것 없고 남루한 것인지 제대로 알았다. 우리는 돈이 생기면 한 곳에 가만히 두고 잘 있으면 부자가 되는 것으로 여긴다. '원금'에 생각이 머물러 투자를 못한다. 책을 읽는 내내 아쉬운 점은 내가 좀 늦었다는 생각이다. 연금으로 생활하는 늙은이가 돈을 불리는 것은 역부족이다. 수입이 없고 일을 하지 못하는 상황에서 무리하게 돈을 불리는 것은 현명하지 못하다. 존 리 대표도 분명히 그랬다. 연금생활자는 투자를 하지 말라고. 내 자식들이 존 리 대표의 생각을 이해했으면 좋겠다. 너무 늦은 인연에 아쉬울 따름이다.

올해의 음식-육개장

신월언덕길 동네로 이사를 와서 첫 번째 한 일로 무쇠로 된 가마솥을 걸었다. 시골집의 로망 중에 가마솥에서 음식을 만들어 먹는 것도 있다. 그 로망으로 육개장을 끓인 것이다. 언니네 집 마당에 가마솥을 대충 걸었다. 대충이란 표현을 쓴 이유는 지식과 경험을 갖고 한 것이 아니기 때문이다. 솥을 걸고 음식을 만들기 전에는 걱정이 많았다. 연기가 잘 빠져 나갈지 불꽃이 아궁이 밖으로 쏟아져 나올지 말이다. 이런저런 걱정을 가진채 드디어 육개장을 끓였다. 조카가 장가가는 날 동생네 집으로 찾아온 친척들을 위해서였다. 정육점에서 좋은 부위를 끊어와서 고사리, 파, 숙주, 토란, 마늘 등을 넣어서 밑간을 해두고, 솥에 먼저 육수를 우려낸 다음 고기와 밑간한 나물을 넣고 펄펄 끓였다. 구수한 냄새가 온 동네에 촘촘히 스며들었다. 아주 오래 전에 마을에 잔치를 하는 집의 풍경이 그대로 재현되었다. 흰밥에 붉은 기름기가 띠를 두른 육개장 한 그릇씩 받아 평상에 둘러앉아 먹으니까 참 맛있었고 아련한 기억 속의 그리운 얼굴이 떠올라 눈물이 날 지경이었다. 함께하고 싶었던 얼굴이 떠오르고 이렇게 고깃국을 배부르게 먹을 수 있는 행복을 나누고 싶었던 것이다. 손님으로 온 친척들은 환한 웃음을 지으며 우리 자매들을 부러워했다. 올해에 내가 먹은 음식 중에 최고는 가마솥 육개장이었다.

올해의 여행-남도 사찰 순례

　다 동생 덕분이다. 코로나 일상 속에서 여행은 빗장을 걸어야 했다. 국내를 돌아다니는 것조차 아주 조심스럽기 때문이다. 코로나 때문에 거의 2년 가까이 사람들이 지치고 진저리가 날 싯점에 자매에게 뜻 밖의 여행 기회가 생겼다. 동생이 요양차, 일 때문에 해남 대흥사로 간 것이다. 동생은 여러 번 가서 1주일에서 열흘 내지 보름 동안 지내다가 돌아왔는데, 이번에는 동생을 데려가는 차편에 실려 집을 나섰다. 동생의 남편이 운전을 하고, 언니와 내가 1박 2일의 동행여행을 떠난 것이다. 가을이 끝나가는 남도의 들녘은 무척 평온했다. 먼저 들린 미황사는 옛날의 기억을 당황스럽게 할 정도로 불사를 크게 했다. 금강 스님의 원력에 감동이 컸다. 미황사 뒷산에 있는 도솔암 순례의 의미가 컸던 것은 여러번 미황사에 와서도 못 갔었는데 숙원을 이룬 것이다. 밤늦게 대흥사에 도착하여 동생이 미리 예약해둔 식당에서 근사하게 식사를 하고 대흥사 템플 스테이 숙소에 짐을 풀었다. 나이 들어서 밤하늘에 그렇게 많은 별을 본 것은 처음이었다. 우리 동네에서도 별을 봤지만 비교가 안될 정도였다. 많은 기억과 추억이 한꺼번에 별을 따라 나타났다 사라졌다. 또 다시 이곳에서 별을 보면 오늘의 느낌을 이야기할 수 있을지 모르겠다. 나이 듦이 무정할 뿐이다.

올해의 길-신월리 들판

늦은 오후 산책길이다. 이사를 와서는 진못을 지나 '니지' 갤러리 근처 숲길을 따라 걷다가 축사가 양편으로 둘러싼 동네를 지나 자두밭과 복숭아밭을 지나고 호두나무가 죽어버린 외딴 주택을 지나고 통신 부대를 지나 집으로 돌아오는 길을 산책했었다. 그 길을 봄날이면 복사꽃으로 분홍 융단을 깔아놓은 천상처럼 아름답고 생기발랄하다. 큰 매실나무가 있는 언덕에 서 있으면 인간 세상 걱정이 부질없다고 기염을 토해냈다. 그런데 그 길을 차츰 잊게 한 것은 축사에서 흘러나온 오수의 냄새와 대책 없이 날뛰는 개 때문이다. 함께 산책을 간 대복이(개 이름)가 어느 날 신월리 들판으로 가자고 끙끙댄 것이다. 가보자하는 호기심으로 진못길 사이로 난 대숲을 지나 천천히 따라가면 문득 연못이 나오고 예쁘고 근사한 전원주택이 그림처럼 여기저기 그려져 있다. 작은 연못을 지나갈려면 사납게 짖어대는 누렁개만 없으면 지극히 조용하고 평온하다. 아스팔트 시멘트 길과 흙길이 구분없이 나타나고 사라지는 들판 양쪽으로는 포도밭, 배추밭, 대추밭이 있고 못가에는 사철 낚시꾼이 낚싯대를 드리운다.

그 연못 끝으로 친환경 쌀 농사짓는 농가 주택의 담장으로 드리운 호두나무 아래서 떨어진 호두도 주웠다. 매일 그 길을 걸을 수 있어 행복하다.

올해의 꽃-백일홍

꽃을 보아서 몇 날동안 행복한 기억을 추억하는 것이 아니다. 봄날 작정하고 구입한 백일홍 나무 이야기이다. 옛날부터 백일홍 나무는 선비집 마당에서 화려하게 자라는 나무로 존중받았다. 교육자를 배출하고 싶은 조상들이 자손을 위해서 심는단다. 그런저런 이유 때문에 화단 모서리 부분에 심었다. 나무의 굵기가 어른 손아귀에 꽉찰 정도로 자란 것으로 심었는데 새싹도 틔우지 않고 회색으로 사계절을 버티면서 내 마음을 불안케했다. 설마 싹을 틔우지 않을까 하면서 하루 하루를 기다렸는데 끝내 가족이 되어주지 않았다. 아니다. 나무를 구입할 때부터 죽은 것이다. 꽃집 주인이 조금만 기다려보라는 말에 지금까지 기다린 꼴이다. 너무 어리석고 미련했다. 거의 1년이다. 또 믿을 수 없는 것은 그 대신 좋은 나무를 곧 가져다주겠다고 한지도 벌써 두 달이 지나갔다. 무작정 믿은 내가 한심하다. 백일홍 나무에 그만 집착하고 다른 꽃으로 눈을 돌려야겠다. 집의 마당에는 수줍어 있는 듯 없는 듯한 것보다 천박하리만큼 색깔이 짙고 챙없는 모자같이 크게 생긴 꽃도 좋다. 거기에 향기까지 바람에 실려나면 참 좋은 꽃으로 식구가 된다. 백일홍 나무는 그렇게 죽었지만 넝쿨 장미와 오랫동안 꽃피우는 신품종 백일홍과 꽃양귀비, 수국, 달리아가 작은 화단에서 웃고 있다.

올해의 개-애국가를 부르는 개

　희한하게 노래를 부르는 개가 있다. 매일 산책을 하는 군부대 근처에는 허름한 공장이 있는데 공장지킴이 개가 국기 하강식 때 애국가가 나오면 따라 부른다. 평소에는 널빤지를 얼기설기 댄 개집에서 우울하게 웅크리고 있다가 하강식 애국가가 나오면 목청을 뽑는다. 처음에는 긴가민가했다. 그런데 지나면서 관찰해보니 하강식 애국가 중에 '마르고 닳도록' 하는데서부터 높고 낮음에 따라 울음을 길게 빼고 컹컹거린다. 하울링과는 분명히 달랐다. 누가 들어도 그저 짖는 개소리가 아니다. 그렇게 애국가를 따라 짖어대다가 하강식이 끝나면 거짓말처럼 울음을 그치고 조용해지면서 어디에 개집이 있는지조차 모를 지경이다. 칭찬할만하다. 서당개 3년이면 풍월을 읊는다는 말을 농담으로 하지 말아야겠다. 늘 같은 시간에 같은 소리에 민감하게 반응하는 경우가 여러 동물에서 종종 발견된다고해도 설마했었다. 우리 동네는 개판이다. 길 양편 공장에는 많게는 여섯 마리를 마당에 풀어놓고서 길가는 행인을 위협한다. 그런 개는 두려운 존재이며 싫다. 그러나 애국가를 부르는 개는 언제나 슬픈 눈빛을 한다. 갇힌 좁은 공간의 무료함이 개의 본성을 잃게 한 것 같다.

올해의 바람-회오리 바람

　토네이도는 미국에서만 일어나는 것이 아니었다. 늦은 봄날 이른 아침에 집앞 포도밭 비닐하우스 위에서 일어난 일이다. 갑자기 강한 바람이 진못 쪽에서 불어닥쳤다. 바람 덕분에 숲속의 파란 잎새들이 하늘에 꽃잎처럼 나부끼면서 동쪽 하늘가로 급하게 날아드는가 싶었는데 갑자기 회색 구름덩어리 같은 바람이 포도밭 비닐하우스에서 멈추는 듯하더니 빙글빙글 돌아서 위로 올라가는게 그 위력이 놀랄 정도가 아니라 정신이 순간 아득해질 정도였다. 소용돌이치는 바람이 비닐하우스의 비닐을 걷어 옆으로 옮겨놓듯이 하다가 이내 소멸해버렸다. 그러고는 이내 잠잠해졌다. 그러나 눈앞에 펼쳐진 광경은 끔찍했다. 찢겨져나간 비닐하우스가 있는 포도밭은 우리가 이사온 해에 연밭을 메워서 만든 것이다. 속성으로 묘목을 키워보겠다는 농부가 그 전해 겨울부터 설치한 것을 몇 초 사이에 무용지물로 만들어버렸다. 자연의 힘 앞에서 인간의 노력이 너무 보잘 것 없음을 일깨웠다. 그렇다 해도 너무 놀라웠다. 우리집 마당에도 파아란 잎새들이 축제가 끝난 마당에 흩어져 있는 색종이처럼 분분하다. 자연에는 결국 좋은 바람만 있는 것이 아니었다. 인간의 이기심을 얄궂게 혼내주는 바람도 늘 있다는 것을 보았다.

올해의 사람-조카의 집사람

　올해의 일들을 생각하면서 하나의 주제로 쓸 작정이다. 우연히 조간신문에서 '마음 읽기' 란에서 힌트를 얻은 것이다.
올해의 사람하면 단연코 조카의 집사람이다. 지난 5월에 조카와 결혼했다. 조카는 내 동생의 아들로서 내 아이들과 어린 시절을 함께 보낸 아이다. 그 아이의 평생 반려자로 그녀를 데리고 온 것이다. 그녀는 야무지다. 고등학교를 다닐 때 어머니를 여의고 아버지와 남동생과 함께 굳건히 살아온 아가씨이다. 조카의 배우자로서 참 잘 어울린다고 생각해보지는 않았지만 막상 동생의 가족이 되고 나니 부지런하고 무척 긍정적이며 동생만큼 눈치가 빠른 젊은이였다. 집안의 엄마 노릇을 했다는 것이 행동 속에서 언뜻 비칠 때마다 마음이 짠했다. 동생이 지나가는 말로 그녀에 대한 소견을 말한 적이 있다. 아들이 좋다는데 무슨 말이 필요한가 였다. 현명한 대답이지만 이면에는 부모가 살아있는 다복한 집의 사람을 원했으며 마음에 덜 찬다는 표현이었으리라. 그녀는 시집을 왔지만 거의 6개월 이상은 남편 없이 살아야 한다. 조카가 외항선의 기관장이기 때문이다. 그녀의 외로움은 잘 드러나지 않지만 시부모댁을 방문하고 돌아가는 종종걸음에는 늘 아쉬움의 그늘이 보이는 듯 했다. 한해를 보내면서 새로운 인연에 감사하고 부디 행복하기를 빈다.

김 안나는 숭늉같은 여인

　그녀는 뜨거운 사람이다. 활활 타오르는 뜨거움을 안으로 꾹 누르고 살아온 모습을 하고 있다. 김이 나지 않는 구수하고 맛나 보이는 뜨거운 숭늉처럼 숭늉그릇에 잘못 손을 댓다가는 화들짝 놀라게 한다. 정의감과 약간은 비뚤어진 의협심을 품은 듯한 얼굴표정은 단단하다. 부드러운 연약함을 잃어버린 얼굴에서 아주 가끔 쓸쓸함 같은 연민을 느낄 때 마다 아 그녀는 분명 여인이구나 라는 것을 알아차린다. 환하게 웃거나 들이대는 듯한 행동을 아무에게나 절대 하지 않지만 곧잘 하기도 하는 이중적인 행동은 그녀의 삶이 무척 고단했다는 증거이다.
　돌싱으로서 살아가는 것이 절대 만만치 않음을 그녀는 숨기지 않는다. 그녀가 아무도 없는 텅빈 집으로 문을 따고 들어설 때 확 끼치는 그 쓸쓸함을 간혹 호소할 때가 있다. 그래서 자신을 알아주는 사람을 만나면 깊은 밤 달빛마저 사라질 때까지 지나간 시간들에 대한 고뇌에 찬 고백을 하는 것이다. 무용담처럼 떠버리는 틈새로 그녀는 결국 행복하지 못했던 지난날에 대한 울분을 토한다. 그럴 때는 결코 숭늉처럼 구수하지 못하다. 자신에 대한 분노는 그대로 업이 되는데 말이다. 이제 옛 인연에 대해서 끝을 놓아버린다면 원망하는 말도 회한에 찬 기억도 하지 말아야 앞으로의 삶이 편안해지는 것이다.

욕에 대해서 일반적인 반응은 부정적 이지만 그녀의 호수같은 눈동자가 흔들릴 때는 부정할 수가 없다. 아 '저런 몸짓에는 그녀가 이제 편안하고 행복해지고 싶다'는 의미라는 것을 알아차리기까지 시간이 많이 걸린다. 단정하게 생긴 사람이 내 욕을 할까? 싶었던 것은 단순히 내 호기심 이라는 것도 한참만에 알았다.

그녀에게 결혼은 굴레였던가. 인간이라면 누구나 자신에게 기쁨을 주는 사람과 함께하고 싶은 마음이 있다. 이것이 사랑이다. (어떤이의 말) 그녀에게는 가장 사랑하는 것이 가장 힘들게 하는 것이라는 의미를 뼈속까지 느끼게 한 것이 결혼 생활이었던 것이다. 그녀는 분명 자신만이 특별한 결혼의 삶을 살아간다고 아우성을 치면서 점점 일상이 되는 것에 반기를 들었고 마침내 돌싱이 된 것 같다. 많은 사람이 자신이 말하고 보고 듣는 것이 진실이기를 바란다. 그러나 그녀에게 보여진 많은 것은 진실이 아니기 때문에 감히 틀을 깨고 예전의 그녀의 엄마가 그녀를 표현해낸 김이 안 난다는 숭늉의 모습을 되찾은 것 같다. 사실 상대에게서 느끼는 불편은 어쩌면 내모습일 수 있다는 생각을 그녀를 통해서 자주한다. 행복한 결혼 생활을 유지하는 사람은 과연 내면에서 솟구치는 분노도 없고 어떤 불안함도 없는 것일까라는 의문을 그녀를 보면서 하지 않게 되었다. 이제 그녀는 누가 봐도 김이 모락모락 나는 숭늉임을 알고 예쁜 꽃이 가득 핀 꽃밭속의 바보같은 꽃이 아님도 알아주어야 할 것이다.

내게 비친 그녀의 첫인상은 평범하지 않은 과격함 때문에 고무줄 같은 거리를 두었다. 내게 맛나는 물비빔 냉면을 사주었던 날 비로소 그녀의 코뿔소의 외로운 뿔처럼 당당하게 살아갈려는 몸부림을 느꼈다. 제테크를 잘해서 집도 사고 어떻게 살아야만 하는지에 대해서 많은 고민을 애써 감추지 않는 모습에서 이 나라에서 살아가는 돌싱의 애환을 조금은 알아차렸다. 기혼여성의 대부분은 돌싱에 대한 환상을 한두 번은 가졌을 것이다. 정말 힘들고 고단해서 그랬을 것이고 간혹은 사치스러운 생각에서 돌싱에 대한 환상을 가졌을 것이다. 물론 나는 그런 환상은 가지지 않는다. 그녀 때문이 아니다. 각자에게 주어진 삶은 언제나 변화한다. 그 변화가 삶의 조건이나 내 행동 방법을 바꾸어서 되는 것이 아니다. 어떤 관점과 인식이 바뀌어야 올바른 변화를 성취할 수 있기 때문이다. 생각을 올바르게 하지 못하는 사람일수록 남의 말을 잘 듣지 않는다는 가르침을 되새긴다.

터주대감이 죽었다

　터주대감이 죽어버렸다. 하얀 곰팡이균을 사타구니에서 겨드랑이 사이사이에 끼고서 멀쩡하게 삶을 포기한 것이다. 올 봄만 해도 에메랄드 빛 어린 새싹들을 솜털처럼 자랑스럽게 온몸을 감싸 안고 있었는데 말이다. 지난해부터 어느 날 모전 아래로 푸른 잎이 힘없이 뚝뚝 떨어져내렸다. 이유를 몰라서 동동거려봤지만 치료방법이 없었다. 부드러운 수건이나 화장지로 가지와 잎 사귀를 닦아주기도 하고 잘라주기도 했지만 소용이 없었다. 그렇게 1년을 버티다 터줏자리를 알로에게 넘겨주었다. 수시로 시들어가는 나무를 보고 없애버려야겠다는 내 생각을 읽은 듯이 아주 조금씩 잎과 가지를 스스로 정리한 셈이다. 참 섭섭했다.

　터주대감이었던 석류나무가 내 집에 올 때는 이리저리 배배꼬인 분재로 왔었다. 화분 높이가 10cm가 될까말까한 직사각형 플라스틱 통에서 밑둥부터 꽈배기가 되어 왔다. 키 높이도 20cm가 겨우 될까말까 했다. 대신 늘름하게 좁은 화분에 버티듯이 몸을 유지한 채 잘 관리되고 사랑받고 자란 상태였다. 어릴 때 내가 살았던 집에는 석류 나무가 두 종류나 있었다. 신 맛이 나는 나무와 단 맛이 나는 나무가 두 그루 있어 한 그루는 수돗가 근처에서 자랐고 다른 한 그루는 작은 대문 옆에서 자랐다. 어린 내가 늘 위로 쳐다보아야 할 정도로 키가 크고 주홍빛 나팔 모양의 꽃을 흐드러지게 피웠던 것이다. 그 꽃이 다 진 자리에 복주머니같은 열매가 영글고 가을이면 새빨간 이빨을 드러내어 우리집 식구들에게 웃음을 가져다 주었다. 그래서 가끔씩 우리집에 놀러오거나 볼일이 있어서 온 객들은 부러워했다. 그래서일까. 내 기억속에 석류는 그 존재가 귀했다.

남편이 30년 전에 직장 동료에게서 받았다고 뿌듯하게 가지고 왔을 때부터 마음이 썩 좋지는 않았다. 왜냐하면 분재로 자란 석류나무의 형태 때문이었다. 물을 준다고 바라보고 있노라면 나무가 다리도 아프고 허리가 아프다고 비명을 지르는 것 같았기 때문이다. 그래서 어느날 과감히 배배 꼬인 나무들을 다 풀어버렸다. 그랬더니 놀라운 현상이 일어났다. 하루가 다르게 나무의 키가 쑥쑥 자라고 유년의 기억을 되살리는 꽃과 열매도 맺어준 것이다. 어느 해는 이사간 집의 베란다 천정 높이까지 키가 자라서 가지치기도 여러번 해주었다. 그렇게 크게 자라면서 석류나무는 터주대감처럼 수문장처럼 통유리 안의 가족사를 다 보고 있었던 것이다. 자신을 가장 잘 돌봐주는 안주인의 눈에서 흐르는 눈물을 보았고 TV에 출연하고 들떠있는 안주인을 보기도 했고 또 책을 내고 형제들을 불러다 출판 기념 파티를 할 때도 석류나무는 묵묵히 지켜보았다. 아들이 입대하고 사복이 든 소포가 돌아온 날 목놓아 울고 있는 안주인을 위로하듯이 나뭇잎을 흔들어주기도 했다. 또 아픈 자식 때문에 대신 아무것도 할 수 없는 어미가 무자식 상팔자라고 한탄하는 모습을 보고도 나뭇잎을 세차게 흔들어주었다. 특히 안주인이 실컷 울고나거나 상심할 때는 유리문을 열고 베란다로 나가서 멍하니 오래 화초들을 바라보는 버릇이 있었다. 그때 바라보는 나무가 석류나무였던 것이다. 나무가 나보다 큰 키 때문일까. 그렇게 한참을 서 있으면 식구들을 위해서 밥을 삶거나 빨래를 해야겠다는 생각을 하는 것이다. 내 존재가 결코 가볍지 않다는 위로를 받은 것이다. 나를 둘러싼 조건들이 내 삶이기 때문에 그것을 부정하거나 외면해버리면 어떤 기쁨도 행복을 느낄 수 없다. 슬픔이나 불행도 마찬가지다. 때로 이기적인 생각들이 일어나는 것도 다 살아있다는 이유이며 또 그로 인해서 삶의 그림이 수정된다는 것을 생각케 하는 것이다. 이렇게 석류나무는 우리집에서 일어나는 행불행을 보았고 또 태어난 것은 반드시 죽게 마련이라는 것을 성찰케 한 것이다. 터주대감이 자랐던 화분에는 지인이 준 알로에가 터를 잡았다. 이미 어린 싹마저 분양을 마친 알로에가 10개가 넘는 잎을 위로 곧추세우고 있다. 노년으로 접어든 내 삶을 함께하겠다고. 생멸과 무상함도 함께 성찰한 날이었다.

장미꽃다발

　60송이의 장미꽃다발을 받았다. 사랑을 고백하는 청춘의 달콤함은 없지만 그래도 사랑은 아직도 그 효력이 유지되고 있음을 느꼈다. 어느 날부터 남자는 아내 생일이 되면 유쾌한 이벤트를 벌여 아내를 꿈꾸게 한다. 나이가 들면 장미꽃 송이보다 현실적인 선물을 원한다. 돈이나 보석 여행 항공권같은 속물적인 선물을 좋아한다. 돈의 가치가 가장 떨어지는 꽃선물은 과소비 내지는 주는 사람의 과시욕일 뿐 받는 사람에겐 별로라고 사람들이 말한다. 정말일까? 그 말을 한 사람은 속내를 들킨 것처럼 속상한 감정을 표정으로 다 드러내는 어리석음을 저지른 것이 아닐까? 언젠간 글로 썼던 적이 있다. 선물 중에 꽃다발보다 완벽한 선물은 없다고. 오직 나만을 위한 것이라고 했었다. 적어도 내게 있어서 그 생각이 변하지 않았는데 주변의 사람들이 마치 내 생각이 매우 어리석고 분수를 모르는 것인양 참견을 한다. 적어도 꽃이 시들 때까지 나는 행복하고 또 선물한 이에게 무한한 사랑을 느낀다. 남자가 아내에게 꽃을 선물하게 된 어떤 계기가 있었지만 그것이 중요한 것은 아니다. 아내의 마음을 고스란히 받아들여서 행동으로 보여준 남편의 정성을 진심으로 받아주고 싶었던 것이다.

　내 주변에는 수많은 남자들이 아내와 함께 살아간다. 살아가는 햇수가 많아질수록 남자들은 자신의 아내에 대한 사랑을 잊는다. 그렇지 않고서는 아내에게 무심하게 대하지 않을 것이다. 아내가 바라는 것이 무엇인지 관심도 없을뿐더러 모른 척하며 무시하는 태도를 보인다. 때문에 아내들이 부들부들 떤다. 그것을 두고 남편들은 지금 나이가 몇인데 주책스럽게 구느냐고 한다. 아니면 부끄러워서와 같은 이유를 들며 소심한 남자임을 드러낸다. 세상의 모든 아내는 자신이 늙어가는 여인으로 느끼지 않는다. 자신의 생일이나 특별한 날에 자신의 여성성을 재확인한다. 예쁜 장미꽃을 받은 여인은 나이 듦을 잊게 된다. 그래서 가장 좋은 것이 장미꽃 선물이 아닐까. 나름의 개똥철학을 해본다.

입춘이 지나 봄날이 되면 지천으로 꽃 융단이 펼쳐진다. 그때 사람들은 시인이 된다. 저마다의 상상력으로 천사도 되고 구름도 되고 바람도 되고 하늘도 된다. 인생도 사랑도 꾸며낸다. 꽃으로 위안을 받기도 하고 위로도 하고 안부를 전하기도 한다. 다른 무엇으로 타인에게 나를 이해시키고 마음을 전달할 때는 적잖은 한계가 있다. 그래서 결혼식장이나 돌잔치나 축하하는 장소 또는 장례식장까지 꽃이 그 쓰임을 다하는 것 같다.

아내는 수시로 꽃을 선물받고 싶다. 아내가 꽃을 받고 기뻐하고 행복을 느낄 수 있을 때까지 남자나 자식, 형제, 친구로부터 꽃을 선물받을 수 있다면 적어도 아내의 삶은 수렁에 빠진 개꼴은 아닐 것이다. 다른 사람들이 나를 기억해주고 또 내가 때로 그들에게 행복을 주는 존재가 될 수 있을 때 더할 나위 없이 행복할 것이다. 잊혀지지 않기 위해서 아내는 꽃을 받을 수 있는 사람으로 살고 싶다. 현실적인 선물은 이제 그만해도 된다. 지금까지의 내 소유물만으로도 죽는 날까지 쓰고도 남을 것이다.

아름다운 장미 꽃다발을 바라보면서 시인이 되기도 하고 화가가 되기도 한다. 꽃잎이 한 잎, 두 잎 쪼그라들 때면 집안의 살강에(그늘 진 곳에) 거꾸로 매달아두고 본다. 지난날에 대한 회한이 아니라 행복한 추억으로 기억하게 되는 것이다. 내년에도 또 꽃다발을 받고 싶다.

허망함이란

허망하다는 말을 자주 떠올린다. 곰곰이 생각해보면 허망한 것이 없다는 것이다. 고개를 들어서 이리저리 주변을 살펴보면 모든 것이 제자리에 혹은 숨이 붙어서 살아있는 모습 그대로이다. 그런데 내 마음이 텅 빈 듯 그리고 아무 것에도 아무런 의미가 없다는 생각을 일으키는 것은 순전히 내 상태인 것이다. 불가에서 空의 도리를 말할 때 空은 그야말로 아무것도 없는 것으로 보면 그것은 空의 도리를 전혀 모르고 하는 소리란다. 이 말을 처음 들었을 때는 이해가 되지 않았다. 空은 없다, 비어있다는 뜻으로 인식하고 있는데 그것이 없는 것도 비어있는 것이 아니라면 무슨 말인가. 그런 의문을 품은 채 10년도 더 많은 시간을 보내면서 이 책 저 책 그리고 수승한 수행자의 법문을 들으면서 알려고 했었다. 그 의문에 대한 답을 작년 겨울 마지막 즈음에 겨우 알아차린 듯 했다. 그 모든 것의 실체가 없는데 무엇을 있다 없다 할 수 있는가. 단지 우리가 실체를 보는 것은 눈으로 보이고 느낄 때 하는 것이지, 만약 그것의 실체가 있다면 영원히 그 존재가 있어야 한다. 그런데 영원한 것은 없다. 인연과 조건이 주어질 때 그 어떤 실체로 있을 뿐이지 영원하지 않다는 것으로 나름 허망한 마음을 알아차린 것이다. 물론 이런 내 생각이 전적으로 올바른 것인지는 모르겠다. 그저 경험한 삶의 여러 가지 양상들, 특히 행불행을 겪으면서 알게 된 것이다.

특히 작년 겨울에 기어이 내 곁을 떠나버린 동생의 죽음을 겪으면서 심하게 고통 받고 두렵고 또 이해되지 않아서 몸부림치면서 나를 위로하고 또 받아들이는 과정에서 문득 공성空性의 원리를 알아차린 듯 했다. 허망한 것은 허망한 것으로 받아들이면 동생의 죽음도 그 어떤 불행도 이겨내고 벗어날 수가 없다. 내가 허망하다는 생각과 망상을 끊임없이 하는 동안 동생은 죽음 이후의 세계로 편안하게 갈 수가 없다.

허망이란 결국 내게서 소중하고 오래 함께 하고 싶고 어떤 변화도 받아들일 수 없도록 하는 나쁜 생각의 종자인 것이다. 동생에게 주어진 인연과 조건들이 다 소진되어서 생을 마감한 것이다. 물론 건강하게 육신을 보살피고 지탱했었다면 소위 100세 시대에 기염을 토하면서 팔팔하게 살 수 있었을 것이다. 그러나 동생은 그 삶의 인연에서 겪어야했던 조건들이 썩 좋지도 유리하지도 못했을 뿐이다. 나 역시 삶의 주인공이 되어서 세계의 본질을 제대로 이해하고 알아차려 주어진 시간과 조건에 감사하고 노력해야만 허망이라는 그물에 걸려들지 않을 것이다. 허망은 언제나 내 곁이나 타인의 곁에서 아가리를 떡하니 벌리고 있다. 지금 동생을 떠나보내고 그 아픔과 슬픔에서 못 헤어나고 있는 형제들은 허망이라는 그물에 걸려서 꼼짝을 못하는 지경이다. 조금만 몸부림쳐도 그물코가 찢겨서 불행의 나락으로 떨어질 것이 뻔하다. 안타까운 것은 내가 아무리 허망이라는 실체를 제대로 알아야한다고 해도 형제들에게는 약이 될 수 없다. 철저히 성찰하는 수밖에 없다. 우리 집 베란다에 놓인 시든 화초처럼 스스로 동생의 죽음이라는 허망에 걸려 시들어 간다. 일어난 모든 일에 대해 회한을 끊임없이 하게하는 허망은 인생을 즐겁게 하지 않는다.

우주의 세계관에 비추어보면 개인의 한 세상은 지극히 미미하다. 한탄하고 후회할 만큼 삶이 길지 않은데 허망은 재촉하듯이 우리를 불행으로 데려간다. 이것이 범부들의 가여운 삶이다. 아침에 도를 이루면 저녁에 죽어도 좋다는 성현의 말씀이 허망을 저 멀리로 쫓아낼 수 있는 답이다. 주변의 소소한 것에서부터 긍정의 눈과 긍정의 입과 긍정의 행동을 할 수 있을 때 비로소 허망의 실체를 깨닫게 되는 것이 아닐까 싶다. 비록 나의 개똥철학이지만 동생의 죽음 때문에 받고 있는 마음의 고통의 무게에서 벗어나 밝은 진리를 알아차릴 수 있는 힘이 되면 좋겠다. 空은 空일 뿐, 없는 것도 비어있는 것도 아닌 것이다. 동시에 우리에게 주어진 삶의 과제를 푸는 열쇠이기도 하다.

죽는다는 것

언니에게서 다급한 전화가 왔다. 지난밤 응급실로 실려간 동생이 오늘, 내일 할 것 같다고 마음의 각오를 해야한다고 울먹거렸다. 폐암 말기를 진단받고 할 수 있는 항암치료는 다 한 상태로 3년째 접어든 동생은 벌써부터 죽음으로 가는 급행열차를 탔다. 평소에 동생을 생각하면 가슴이 아프고 먹먹했다. 오늘 다급한 전화를 받고나니 허둥지둥 눈물이 앞을 가렸다. 형제애가 돈독한 우리 자매들은 병상에 누워서 괴로워하는 동생을 바라보는 동안 여기저기 예비부고장을 날렸던 것이다. 그 사이사이 자매들은 부둥켜안고 부모님이 돌아가실 때보다 더 강하게 흐느꼈다. 각자의 표정에는 그동안 동생에게 잘해주지 못한 자책과 후회가 고스란했다. 나름의 교훈을 쉴 새 없이 죽어가는 동생의 발치에서 쏟아냈다. '마음을 내려놓거라', '마음을 비워라' 죽어가는데 무엇을 내려놓고 비워야할지 모를 일이지만 그렇게 정신 못차리고 상황 정리가 안된 우리에게 늦게 연락받은 동생 스님이 와서 자신의 형에게 대뜸 아직 안죽을 것 같다고 하면서 그 좋은 머리(소위 아이큐 146이란다.)로 이렇게 밖에 살 수 없느냐고 고래고래 소리를 질렀다. 그제사 우리 자매는 상황이 조금은 오버된 것 같음을 알아차렸다. 하지만 젊은 의사가 보여준 동생의 X레이 사진은 절망적이었다. 나중에 알고보니 폐렴이 와서 그런 것이다. 의학 상식이 없는 우리 눈에는 영락없이 절망적이었다. 손에 물 한방울 묻혀본 적 없을 것 같은 가늘고 긴 손가락을 꽃게발처럼 탁자에 벌리고서 이제 어떤 치료도 할 수 없기 때문에 마음의 준비를 하고 환자가 의식이 분명할 때 만나고 싶은 사람이 있으면 모두 연락하는 것이 좋겠다고 했다. 덕분에 20년 넘게 등지고 지냈던 새엄마가 와서 동생의 손을 만지면서 회한의 눈물을 흘렸다. 그것이 이번 난리통에 건진 성과라고 할 수 있다. 소원했던 사촌들이 다녀가고 이제 동생은 영락없이 죽어야만 하는 일만 남은 셈인데 기적이 일어났다.

응급실에서 일반 병동으로 옮겨온지 이틀이 지나면서 꺼진 불씨가 살아나면서 죽음을 무색케했다. 살고싶은 욕망을 거두지도 못한 상태에서 장례는 화장을 할까 어디에 묻어줄까 삶의 미련은 없는가 등등으로 심문을 한 것이다. 그럴 때마다 동생은 용케도 죽음을 올바르게 직시했었다. 내 아들이 하룻밤 병실을 지키는 사이 집으로 돌아간 언니는 밤새 통곡하면서 동생의 옷정리를 했다. 안타까운 것은 입을만한 것은 언니가 입겠다고 장롱 속에 가져다 놓고 이불을 빨았다. 그 다음날 동생은 레테의 강을 건너지 못하고 돌아온 허기진 사람처럼 쌀죽을 목구멍으로 넘겼다. 동생이 살아나는 동안 자매들은 명절을 맞이했고 소고기와 송이버섯으로 동생의 입맛을 살리려 애썼다. 또 다른 동생네는 현해탄을 건너 일본 시코쿠를 다녀왔다.

일본인들은 국교가 불교인 탓인지 죽기 전에 시코쿠 순례를 하는 것은 큰 행운으로 여긴다고 한다. 시코쿠를 다녀오면서 동생이 지금보다 건강하게 몇 계절이라도 우리와 함께 있기를 기도했다. 여행에서 돌아온지 며칠만에 동생은 퇴원을 했고 언니네 집 햇살바른 창가에서 목을 늘어뜨리고 앉아 꾸벅거리고 있었다. 말수가 줄어 거의 이야기를 하지 않지만 고기를 먹을 땐 함께 먹고 마지막 남은 삶의 의미를 갈무리하는 모습이었다.

줄리언 반스는 '웃으면서 죽음을 이야기하는 방법'이라는 책을 써서 일반 사람들이 가지는 죽음에 대한 두려움과 공포심에서 벗어나 죽음도 삶의 일부이자 과정이라는 것을 이야기한다. '(쇼스타코비치의 말인데)죽음에 대한 두려움이야말로 그 어떤 것보다 가장 강렬한 감정일 것이다. 그보다도 더 깊은 느낌은 없을 것이다. 우리는 죽음에 대해 더 많이 생각해야 한다.' 개의 죽은 모습과 사람의 죽은 모습이 다르지 않다는 비교처럼 누구에게나 다가오는 우울함이자 집집마다 사람이 죽지않은 집이 없음을 새삼 일깨워주었다. 이번에 동생의 죽음 예행과 같은 에피소드를 여러번 겪지 않게 도움이 된 책이기도 하다. 수시로 전화기로 들려오는 언니의 근심은 동생이 오래살지 못할 것이라는 불안에서 온다. 나 스스로에게는 줄리안 반스처럼 굴자고 하면서 언니에게는 차마 줄리안 반스를 본받으라고 하지 못하겠다. 어쩌면 지금 내 바램은 동생이 좀 더 버티어 함께하는 시간이 길어지길 바랄 뿐이다. '당신이 죽음에 대한 불평을 늘어놓으면서 정확히 바라는 건 무엇일까? 지금에 해당하는 조건을 누리며 이승에서 불멸의 삶을 누리고 싶은가?'라고 줄리안 반스가 말했다. 내가 본 동생은 그런 불평을 하지 않았다. 과연 철학도답다.

꽃은 피고 지고

　봄은 석달 90일의 영화의 계절이지만 꽃은 단지 열흘에 못 미치는 날에 지고 말았다. 꽃이 피는 모습을 보고서 사람들은 제각각의 눈과 가슴으로 보고 새긴다. 찬란한 아름다움으로 보는 이가 보통이지만 더러는 냉정한 철학적 사고로 꽃을 보고서 '살갗을 째고'라는 아픔으로 꽃의 출현을 표현한다. 그 말에 참으로 독특한 관찰력이라고 놀라면서도 한편으로는 내 눈으로 보는 느낌이 옳다고 생각하면서 꽃을 보고 싶었다. 이렇게 4월이 오면 세상은 흐드러진 꽃으로 축제를 열고 덩달아 뭇 생명들도 신이 난다. 새로운 것에 대한 갈망은 결국 유한한 것에 대한 두려움같은 공포심이 아닌가 싶다. 인간도 매년 봄날처럼 살갗을 째는 고통을 감내하고 꽃과 같은 젊음과 새로움을 얻을 수 있다면 엘리엇이 절규한 잔인한 4월이라는 농담을 하지 않았을 것이다. 그 난해하고 긴 시를 아주 짧게 요약한 사람의 말을 빌리면 사는둥 마는둥 같으면 차라리 죽어라 그러면 다시 부활할 것이라는 무슨 신화같은 내용으로 사람들을 위로하지 않고 질책하지도 않는다.
　인간은 한번 떨어져내리면 다시 일어나 새로운 꽃을 피울 수 없다. 그렇기에 봄날의 꽃을 마중하고 또 이유도 알지 못한 채 꽃놀이를 한다. 내 존재감을 재발견하고 싶은 열망 때문에. 애초부터 꽃을 좋아하고 특히 흰눈같은 벚꽃을 유난히 사랑하는 것은 아니다. 빨강머리 앤이 고아원에서 원치않은 마닐라 아줌마 집으로 잠시 올 때 거쳐온 눈의 여왕 길에서였다. 애이번리로 오는 길 양편에 핀 사과나무 꽃을 보고서 어린 소녀는 황홀하다 못해 시인이 되었다. 다음날 그 길로 다시 지옥같은 곳으로 갈지언정 지금 내 눈앞에 펼쳐지는 눈의 여왕의 아름다움 외에는 아무것도 생각할 수 없는 순수하고 신나는 행복의 꽃이었다. 눈의 여왕의 퍼레이드가 끝나고 곧 마주친 낡은 양말같은 여인의 냉정한 거부에 울부짖는 앤의 인생은 4월의 봄날처럼 죽었다 다시 부활한 것이다. 내가 이 유치하고 낭만적인 소설에서 위안을 받는 것은 꽃과 바람과 구름과 햇살과 호수같은 자연의 신비하고 아름다움 때문이다. 자연은 꽃과 함께 새로운 기운을 회복하면서 그 찬란함으로 세상의 양면을 정화시킨다.

봄날에는 꽃의 세상임이 분명하다. 긴 겨울을 나고 늙은 사람들은 새봄의 따뜻한 기운을 온기로 찾지 못하고 명을 달리한다. 의외로 겨울을 나고 봄에 세상을 뜨는 노인이 많은 것은 대기의 온화함이 결코 인간에게는 자비롭지 않다는 것을 보여준다. 늙은 나무는 새봄이면 꽃과 새싹을 틔운다. 충실한 열매까지는 기대하지 못해도 꽃을 피운다는 것은 기적이 아닌 사실이라는 점을 4월이면 어김없이 발견한다. 길 위에 떨어지는 꽃잎들은 절망이 아니다. 다시 새로움에 대한 배려인 것이다. 나는 떨어진 꽃잎을 볼 때마다 다시 저 꽃을 보기 위해서 한 해를 고스란히 기다려야 한다는 사실에 한숨이 나온다. 내년에도 오늘처럼 설레이면서 볼 수 있을까 하는 것이다. 그것이 나이들어감에 대한 초조함이 아닐까싶다.

사람들이 꽃을 좋아하고 애착을 가지는 이유에 대해서 곰곰이 연구한 사람들은 그랬다. "사람이 하루를 행복하게 살려면 술을 마시고 한 달을 행복하게 살려면 돼지를 잡고 1년을 행복하게 살려면 결혼을 하고 평생을 행복하게 살려면 정원을 만든다." 그렇다. 꽃은 사람을 배신하지 않는다. 작년이나 그 전이나 아니면 내일에도 꽃은 늘 변하지 않는 모양과 색깔과 향기를 선사한다. 그것도 공짜로 말이다. 내가 제대로 보아주는 것이 꽃에 대한 배려이다. 그 짧은 날의 찬란함을 기억하기 위해서 '벚꽃 엔딩'까지 부르면서 잔인한 4월에 즐겁게 부활한다. 움츠려진 기운에 생기를 불어넣고서 설탕처럼 달콤해진다. 인위적으로 만든 공원에는 바보같은 꽃이 가득하고 다이아몬드처럼 침착하게 새들이 노래하는 6월이나 7월에는 내 안의 조바심은 사라질 것이다. 그러나 4월에는 삶에서 변치않는 활력을 시인은 해골에서 찾지만 평범한 우리는 한 송이 꽃에서 활력을 찾는다. 이렇게 4월은 황무지에서부터 불어오는 잔인함을 서서히 잊어버리게 한다. 꽃이 피고지기 때문이기도 하다. 색깔이 풍부한 정원의 유물을 집안에서 상상하려면 장미꽃 한송이가 필요했다고 시인은 꽃의 도둑에게 관용을 베풀었다. 남의 담장에 핀 꽃 한 송이는 오래 4월의 흔적이 될 것이다.

농술, 농옥, 농숙

농은 농땡이가 되자고 붙인 접두사다. 바르게 정직하게 열심히 노력하는 삶을 살아야 했던 10대 후반에 만났던 친구들이다. 열심히 살아야만 현실이 있는 그런 삶에서는 이상은 열이 나는 사치였다. 그래서 농쓰리가 만나면 하고싶은 것, 해보고 싶은 것, 갖고싶은 것이 너무 많아서 어느 것에 관심을 집중시켜야할지도 가늠못하고 있을 때 우리는 스스로 농땡이가 되자고 했다. 그래서 이름자 앞에 '농'을 붙여서 껄렁하게 정도를 벗어나는 짓을 하자고 했다. 하지만 세 사람은 농의 진정한 의미를 모른채 10대를 보내고 20대를 살면서 각자도생의 길을 갔다.

80학번인 우리 때에도 대학은 쉽게 가던 시절은 아니었지만 농쓰리는 같은 대학에 갔고 전공은 달랐다. 전공이 다르다보니 만나는 횟수보다 만나지 못한 횟수가 많아지면서 농땡이도 아니고 장학생도 아닌 어중간하게 졸업했고 제대로 된 취직도 못하고 농숙이가 시집을 갔고 이어서 두어해 만에 농술이가 신랑을 찾았고 농옥이가 시집을 가면서 아예 타인이 되었다.

초라한 자취집 툇마루에 앉아서 다음 학기 등록금 걱정을 무던히 했고 서로의 처지를 위로하면서 꿈과 현실의 괴리에 슬퍼했었다. 그때는 어디를 가던 함께 갈 것처럼 위로하고 아는척했는데 졸업과 동시에 소식두절이 된 것이다. 나 역시 결혼을 하고 새로운 가족들이 생기는 틈새로 그녀들이 결코 들어오지 못했다. 해가 바뀌어 불어오는 계절풍에도 그녀들의 소식은 실려오지 않았고 궁금하지도 않았었다.

  우정은 삶의 신비라고 소로우는 극찬했지만 난 그 말을 이해하지 못했고 또 신기루같지가 않았다. 그런데 졸업 후 거의 20년만에 백화점에서 아주 우연히 농옥이와 마주쳤다. 사실 그녀는 나를 바로 아는척하지 않았다. 내가 다가갔다. 금새 팔색조처럼 표정을 바꾸면서 수다를 떨기 시작했다. 가장 최근에 크루즈 여행을 다녀온 이야기를 해대면서 마치 최초의 신대륙의 발견자마냥 떠벌렸다. 바닷가로 창이 있는 방이 비싼 이유부터 해서 이른 아침 선상에서의 휘트니, 수영, 이브닝 파티까지 외우듯이 설명했다. 마치 다음 달 패키지 여행을 떠나는 인솔자처럼 굴었다. 20년만의 해후가 너무 썰렁해서 단 몇 마디도 못나누고 그녀는 남편이 어떤 일에 종사하느냐는 내 물음에 끝내 대답하지 않았다. 시골에서 농사를 많이 짓는 시부모가 자신을 끔찍이 아낀다는 말로 뒷모습을 남긴 채 사라져갔다. 그날로 내 기억 속에 농쓰리의 한 명이 원근법 속으로 소멸되었다. 성공해서 고향에 가지 말라는 고사가 있듯이 시집 잘 가서 우정이 돈독해지는 경우도 결코 없다는 고사를 누군가가 지어야겠다고 생각했다. 황당한 감정 속으로 어느 시절의 그녀의 모습이 떠올랐다. 항상 그녀는 외동딸로서 부모형제의 사랑을 독차지했다고 했다. 그 시절에 그녀의 집이 동대구역 근처였는데 자신의 집 근처에서 친구를 만나고도 절대로 친구를 집에 데려가지 않았다. 길가에 우두커니 친구를 세워둔채 자신은 엄마가 끓여준 저녁밥을 맛있게 먹었다고 자랑했다. 보살같이 자애로운 엄마가 어떻게 딸아이의 친구를 대문 밖에 세워두고 자기 딸만 따신 밥을 먹일 수가 있는지... 어린 그때도 참 얄궂다고 생각했다. 그 외에도 그녀는 늘 밝은 척 하면서 뒤돌아서 가는 둥근 등에는 고단함과 쓸쓸한 불행같은 어둠이 아른거렸다. 그녀는 사교성이 많은 친구라고 생각했었다. 그러니 늘 이 친구는 좋고 저 친구는 습관이 나쁘다는둥 공부는 못한다는둥 내쳤다. 그런 습관은 수십년이 지나도 변하지 않았다.

　농술이라는 친구는 한번도 본심을 제대로 까발리지 않았다. 처음 그녀를 봤을 때 첫 인상은 연애를 절대로 못할 것 같았는데 어느 날 그녀의 소지품에 남자친구의 편지가 들어있었고 충격은 그녀는 싫다는데 남친이 목을 멘다고 말한 것이었다. 아! 여자가 보는 여자와 남자가 보는 여자는 분명 다르다. 농술이는 결혼한 후에 더욱 성숙해졌고 조신했다. 호수같이 큰 두 눈동자가 흔들릴 때 믿고 있었던 종교를 바꾸었다고 했었다. 내게는 겸손을 보였지만 다시 농쓰리가 만나는 것은 원치 않았다. 그 이유가 참 대단했다. 우리가 결성한 농쓰리 시절은 절대로 드러내고 싶지 않다고 했다. 그 말 속에서 수십년 만에 재회한 우정도 빛을 발했다. 우정은 삶의 신비가 아니었다.

구멍난 속옷

독감 예방 접종을 하러 집 앞 내과에 갔다. 무뚝뚝한 간호사 아가씨가 기어코 맨 팔뚝에 주사기를 꽂아야 하니까 겉옷의 팔 부분을 벗어라는 말에 생각없이 한쪽 팔 소매를 몸통에서 쑥 뺐다. 순간 겨드랑이와 가슴 부위의 속옷에 아이 주먹만한 구멍이 드러났다! 구멍 속으로 드러난 청록색 브래지어의 무늬가 보이는 순간 얼굴이 화끈거렸다. 무뚝뚝한 간호사가 내 팔뚝을 살짝 두드리면서 주사 바늘을 꽂았다. 가느다란 눈은 벌써 구멍난 속옷과 드러난 브래지어를 봤지만 태연하게 굴었다. 이럴 때는 내가 아무 일도 없는 척 뻔뻔하게 구는 것이 부끄러움을 모면하는 방법이라고 여기고 주사실 유백색 벽면을 바라봤다. 주사실을 나와 대기실에서 안정을 취하고 나오는 내 뒤통수는 주사 맞을 때보다 훨씬 따끔거렸다. 저 간호사는 오늘 점심 때 구멍난 내 속옷으로 디저트를 하겠다는 낯빛으로 '안녕히 가세요.'라고 인사하는 듯했다. 집으로 돌아오는 발걸음이 독감 바이러스가 온 몸에 퍼져버린 듯이 욱신거리고 찌뿌둥했다.

일상 속에서 겉옷보다 속옷을 꼼꼼히 챙겨 입는 것은 야무진 모습이다. 늘 새것만 입을 수 없기 때문에 낡고 헤진 것은 당연하다. 실밥이 터지면 꿰메서 입어야 하지만 아끼지 않아도 옷장 속에는 철 지났거나 유행이 지난 옷들로 가득하다. 때문에 애써 깁지 않는다. 더욱이 속옷은 낡으면 걸레로써도 쓰여지지 않은채 버려진다. 난 오래 입어서 몸에 익숙해진 속옷들을 새옷만큼 아낀다. 고무줄이 늘어난 팬티, 삶아서 수와 수 사이가 늘어난 런닝 등은 마치 내 몸의 정령이 깃든 것 같다. 낡은 것을 버리지 못한 평소의 버릇이 오늘같은 난감한 경우를 당하게 한 것이다.

　수년 전에 김해 공항 근처에서 일어난 비행기 추락 사고로 생긴 부상자와 사상자를 구조하는 과정에서 널부러진 사람들의 옷차림이 카메라에 잡혀 보도된 적이 있었다. 그때 부상당한 여인의 겉옷이 찢겨진 채 드러난 속옷이 민망스러웠던 기억이 있다. 아마도 오늘 나처럼 비슷한 경우일 것이다. 그날의 기사 속에서 잊혀지지 않은 말은 부상자와 사상자를 위로한 말 끝에 여자들은 특히 겉옷보다 속옷을 잘 갖추어 입어야 한다는 것이다. 겉옷이 유명 디자인의 옷이 아니라도 속옷을 정갈하고 단정하게 갖추어 입는 것이 훨씬 품격과 품위가 있다는 내용이었다. 그날의 민망한 속옷 모습을 잊지 않고 내가 외출할 때는 평상시와 구분해서 속옷을 차려입는 편이다. 그런데 오늘은 집 앞에 있는 내과에 가는 것과 또 낡았지만 실크라는 옷 소재 때문에 창피와 민망함을 당했다. 저녁 때 식구들에게 아침 나절에 있었던 에피소드를 들려주니까 오히려 낄낄대며 이런 날이 있을 줄 알았다고 했다.

　이 참에 오래되고 헤진 것을 다 버리라고 타박도 주었다. 부처님의 십대 제자 중 사리불마냥 분소의를 입는 것이 결코 자랑이 아니라고 한 술 더 뜨는 남편은 절약도 격에 맞아야 한다고 말했다. 내 참. 문득 유명 연예인이 어떤 예능 프로에 나와서 자랑인 듯 자신은 남편의 낡은 트렁크 팬티를 입는다고 했었다. 내 남편은 저건 자랑이 아니라 팔

불출이라며 내밀한 것은 내밀할 때 부덕이라고 했다. 그렇다. 남자든 여자든 속옷은 내밀하다. 은근하기도 해야 매력적이다.

　겉옷은 그 사람의 품위를 드러내는 것이라면 속옷은 그 사람의 품격이자 인격이라고 감히 말하고 싶다. 한복 속에 입는 여러 겹의 속옷이 은근히 자극적이고 매우 여성스럽게 한다는 것은 잘 아는 사실이다. 집안에서 가족들끼리 속옷차림으로 돌아다니는 것은 야박하고 경박하다. 드러내지 않는 은근함이 늙고 죽는 날까지 그 사람의 매력으로 유지되는 것이다. 감추어지는 듯 드러내지 않는 속옷같이 말이다. 내가 처음 브래지어를 착용할 때는 속옷을 세탁해서 마당 앞줄이나 환한 햇빛 아래서 대놓고 말리지 않았다. 은밀해야 하기 때문이다. 젊은 시절 사택에 살 때였다. 50줄에 들어선 여교수는 일주일에 한번 씩 남편과 자신의 속옷을 삶아 빨아 아파트 정원의 나무 사이로 줄을 메고 만국기처럼 말렸다. 참 민망했다. 해질 무렵 그 여교수가 빨래를 걷을 때 표정이 꼭 오늘 내가 내과에서 지었던 표정과 같았다. '뭐? 어때.'라고 하듯이 말이다. 그때는 그녀가 그렇게 생각하는 줄 알았는데 지금 생각해보니 '너희는 속옷 안 입니? 속옷도 겉옷과 마찬가지로 옷이잖아.' 조금은 뻔뻔했지만 그녀는 너무 당당했었다. 구멍난 것이 아니라서 일까?

2.
조그마한 세상 이야기

라오스 여행기
나트랑, 달랏 여행기
코털
개에게도 불성이 있다
미대동 사는 친구
설날
쓸쓸한 날
언덕 위의 하얀 집
두루미 참선
봉쇄수도원 카르투시오

라오스 여행기

'여행지에서 모든 일이 잘 풀리면 그것은 여행이 아니다.' 무라카미 하루키의 여행철학이다. 라오스 여행은 무라카미의 철학을 100% 체험한 셈이다. 도착한 저녁부터 배가 아프기 시작해서 돌아오는 날까지 항문으로 끊임없이 쏟아냈다. 지독한 장염에 걸린 것이다. 탈진해서 비엔티엔에 있는 종합병원 응급실로 실려가서 링겔을 맞고 겨우 살아나서 한국으로 돌아왔다. 이렇게 철저하게 여행지에서 일이 꼬여 일행을 불편하게 하고 스스로는 죽음 문턱까지 갔다가 겨우 살아온 셈이다. 지금은 회복 중인데 가끔씩 문득 눈앞으로 비엔티엔의 도시 풍경과 방비엔의 무릉도원과 쏭 강의 잔잔하면서 도도한 강물이 스쳐간다. 아! 다시 가고 싶다. 그곳은 태초의 고향처럼 모든 것이 있는 그대로이며 어느 누구의 마음 속에 있는 태를 묻은 곳에 대한 향수를 자극한다.

무라카미는 '라오스에 대체 뭐가 있는데요?' 라는 물음에 정확한 답을 내지 못했다고 했다. 그러나 나는 나름 정답을 냈다. 그곳에는 내가 어디에서 와서 어디로 가야하는가에 대한 물음의 답이 있었다. 어느 곳에도 인간의 편의를 위해서 가공되었거나 변질했거나 변형시킨 흔적이 없었다. 최소한의 자연 상태의 손실 위에 최대의 자연현상을 유지하고 이용했다. 쏭 강을 건너는 다리가 좋은 예이다. 다리 기둥이라고 받혀진 쇠붙이를 얼기설기 세우고 그 위로 널따랗거나 좁은 나무 판데기를 가로로 놓고 세로로 걸쳐서 다리 바닥을 만들고 그 위로 자동차도 다니고 자전거도 다니고 오토바이도 다니고 사람들도 건넌다. 아! 저것이 말 그대로 자연친화적이구나. 거뜬하게 내가 탄 승합차가 지나가도 어떤 흔들림도 없었다. 무라카미가 그랬다. '일본인이라면 벌써 콘크리트 다리를 놓아 편리함을 추구했을 것이다.' 더디게 소형 리비 보트로 강을 건너지 않는다고 불평했지만 라오스 사람들은 너무나 낙천적이고 있는 그대로를 좋아하는 민족같다고 나름 생각했다.
　라오스는 옛날 란상 국가 시절에는 수도가 루앙프라방이었는데 16세기에 비엔티엔으로 옮겨 오늘날 수도가 되었다. 나라 크기는 우리나라 남북한 합친 면적보다 조금 크지만 인구는 우리나라 절반도 안되는 약 700만 사회주의 국가로써 국민의 78%가 농업에 종사하는 못사는 나라다. 수도만 벗어나면 도로는 비포장이고 신도시 체계같은 현대식 도시개념은 전무했다. 도로는 물웅덩이가 수도없이 패여있고 게으른 개가 어슬렁거리고 야윈 물소가 떼지어 다녀도 아무도 상관하지 않는다. 뭐 어때 어차피 함께 살아야하는 공동체 의식이 어른 아이 할 것 없이 팽배했다. AI 시대의 최첨단 문화의 이기 속에서 사는 우리의 눈에는 분명 화성같은 세계로 보이지만 나의 내면 깊숙이 잠든 원시 본능을 자극하는 곳이었다. 그저 평온하다. 혼란하지도 않았고 무질서함 속에 자연의 순리가 고스란히 살아있는 곳이었다. 무엇보다 라오스는 불교국가다. 기본 국가 시스템은 사회주의지만 불교 신앙은 그 체제를 초월한 듯 했다. 도심 속에 이곳저곳의 사원이 수도 없이 많고 비엔티엔의 불상공원에는 이 나의 체제가 아무런 소용이 없는 듯했다. 그 공원은 고대의 불상조각부터 21세기 조각까지 공존했다. 세월의 덮개가 고스란히 옷으로 걸친 불상은 화려하거나 유난히 빛나는 모습은 아니지만 신앙의 세계가 곧 인간의 삶 자체임을 일깨워주는 것이다. 종교와 인간의 삶은 절대로 분리될 수 없는 종교존재의 이유를 잘 드러내는 곳이다. 찐득찐득한 찹쌀밥인 카오냐오를 불상의 입 주변이나 손에 얹어놓고 더불어 뭇 생명들과 함께 공생해야함을 나타낸 것이다. 또 불상이 모셔진 사원 귀퉁이에는 죽은자의 납골당이 재력의 여부에 따라 형형색색 혹은 크고 작은 모습으로 모셔두는 제도 등을 통해서 이 나라의 불교는 도를 깨쳐 성인의 반열에 오르는 궁극의 목적보다 일상의 안녕과 행복, 그리고 사후의 좀 더 나은 곳으로 몸 받는 것 이상은 없는 듯 싶었다. 때마침 사원의 한 건물 앞에는 새 차를 마련한 가족들이 우리식 표현으로 차 고사를 지내고 있었다. 주황색 법의를 걸친 승려가 주문인 듯 불경을 외우고 과일과 떡공양을 올려 무사 안녕을 비는 모습을 봤다. 사원 마당까지 차를 끌고 와서 그렇게 할 수 있는 나라인 것이다.

  나는 라오스를 떠올리면 세계 빈곤 국가 중의 한 나라의 이미지보다는 이른 아침 호텔 창가로 날아든 새소리, 길거리에 핀 화려한 꽃들, 참 촌스럽게 크고 화려하지만 향기는 쉽게 잊을 수가 없었다. 그 향기가 바로 라오스 사람의 착하고 부드럽고 달콤한 친절함 그 자체이다. 야시장에서 여행객이 물건값을 흥정하고 사지 않아도 호객행위를 결코 하지 않았다. 사든말든 그것은 고객의 입장이라는 것이다. 아득바득거리는 우리의 습성으로 볼 때 너무 태평한 듯 싶었는데 그것이 또 라오스에만 있는 그 무엇인 것이다. 나는 죽었다가 살아왔지만 그래도 방비엥에서 체험한 것은 이 생에서 두 번 다시 경험하지 못할 것들이었다. 쏭 강을 따라 소형 리비 보트 타기와 물웅덩이 투성인 시골길에 비기카를 타고 달린 트랙킹, 짚라인 8번의 코스를 옮겨 다니면서 아찔한 외줄 건너기를 하고, 동네 웅덩이 가의 늙은 수양버들 나무에서 뛰어내리기 같은 블루라군의 추억과 동굴 탐사, 쏭 강에서 손수 노를 저으며 탄 카약 놀이는 죽을 것 같은 장염을 버티게 한 추억들이다. 라오스하면 불상과 사원의 나라이기 전에 태고의 생명의 탄생과 같은 신비로움이 떠오르는 곳이다. 라오스에 대체 뭐가 있는데요? 라는 질문은 너무 어리석은 듯하다. 그 곳에는 신기루같은 신비로움이 넘쳐나는 곳이다.

베트남_나트랑, 달랏 여행

　겨울비가 철철 내리는 휴일 저녁에 여행가방을 끌고 집을 나섰다. 집(일상)을 떠나는 가출의 즐거움보다는 역할이 끝난 도우미를 집 밖으로 내쫓는 그런 기분이 들 정도로 춥고 어수선했다. 그러나 공항에 도착해서야 내 생각이 얼마나 우울했는지를 금새 알아차렸고 일상을 두고 떠나는 여행의 흥이 샘솟았다.
　비록 밤 비행기를 타고 캄캄한 우주 속으로 떠나는 것처럼 미혹감 때문에 겁이 좀 났지만 말이다. 거의 5시간을 비행해 나트랑 국제공항에 도착하니 현지시간으로 11:50분 한밤중이었다. 대구인지 나트랑인지 구분이 안 되었지만 리브라 호텔에 투숙하니 비로소 집을 떠나왔음을 실감했다. 여행 첫날의 흥분으로 밤을 보냈다. 다음날에는 오전 11시(시차가 2시간 늦다)에 호텔을 나와 관광을 했다.
　시티투어로 나트랑에서 처음 간 곳은 유럽풍 나트랑 대성당이었다. 시티투어답게 성당 안으로 들어갈 없고 그저 돌로 지은 성당 외벽과 성모상을 구경했다. 베트남은 공산국가이지만 종교의 자유가 있다고 했다. 이 나라의 종교는 불교와 카톨릭인데 카톨릭은 온전히 프랑스 지배의 영향이란다. 성당을 구경한 후 나트랑에서 가장 오래된 사원인 롱선사를 봤다. 이곳에는 넉넉한 해수관음좌상이 있다. 베트남 역사에서 '보트피플'은 슬픈 피의 역사가 있다. 롱선사에서 희생된 이들을 위로하기 위한 해수관음상이 많다고 한다. 그런 슬픈 역사를 느끼게하듯 비가 내렸고 얼마 보지도 못하고 쫓기듯이 롱선사를 나왔다. 그 후 참파 유적지인 포나가르 탑을 관광했다. 포나가르에는 3개의 탑이 있는데 모두 벽돌로 지어진 것으로 가장 오래된 중앙탑은 현세를, 왼쪽 탑은 과거를, 오른쪽 탑은 미래를 기원한다고 했다. 많은 중국인과 어울려 관광하는 것은 항상 인내심이 필요하다는 것을 느꼈다. 우리도 80년대에 해외에서 그렇게 여행을 했지만 말이다. 점심을 먹은 후 오늘의 하이라이트인 머드 온천 체험을 했다. 현지에서 제공되는 간편복으로 갈아입고 욕조처럼 생긴 머드탕에 5-6명이 들어 앉아서 누런 빛의 진흙에서 뒹굴댄다. 여행지에서 일행이 된 사람들과 급속히 친해진 계기가 되었다. 얼떨결에 욕조에 담긴 강아지들처럼 뒹굴다가, 야외 온천 풀에서 휴식을 했다. 서너군데 넓은 풀 속에서 세계 사람들이 각자의 습성대로 휴식을 취했다. 가장 활발한 인종은 역시 중국인이고 그 다음이 한국인들이었다.

밤이 되고 이튿날은 7시에 나트랑을 출발해서 달랏으로 갔다. 가는 길은 험난했다. 1500m 고지를 향해 평탄한 길 1시간, 꼬불꼬불한 길 1시간, 오르막 내리막 길 1시간을 거쳤다. 그 중간에는 32m의 봅브라 폭포가 있었는데, 그 위용에 감탄을 했다. 깊고 높은 울창한 숲 속에는 호랑이가 금방이라도 포효를 할 것 같았다. 그렇게 낭떠러지 길을 오르고 내려서 1600m 고지에 위치한 달랏에 도착했다. 별천지 같았다. 언덕 사이사이로 예쁜 별장들이 그림처럼 늘어져 있었다. 휴양지답게 온 도시가 꽃, 바람, 푸른 하늘, 흰 구름으로 가득했다. 영원한 봄의 도시, 꽃의 도시답게 달랏에는 볼 것이 많았다. 베트남 마지막 황제의 여름 휴양지인 바오다이 별장은 작은 베르사이유처럼 정원과 별장 입구가 아름다웠다. 잘 자란 키 큰 나무나 꽃들이 지난 시간의 영화를 아련하게 떠오르게 했다. 왕과 5명의 왕비가 있었던 각각의 방은 의외로 소박했다. 각각 방의 여인들은 한 남자를 위해 모든 것을 헌신하고 자애롭게 살다 갔을까? 인생의 무상함을 아름답게 느꼈다. 별장 뒤 별궁에서 산 은쟁반을 볼 때마다 삶의 무상을 더욱 철저히 느꼈다.

별장을 나와 인공 호수인 쓰엉흐엉 호수를 한 바퀴 돌아 오는 레일바이크를 탔다. 말이 레일 바이크이지 청룡열차였다. 울창한 숲속의 나무와 바람과 구름 사이를 올라가고 내려가고 빙빙 돌아 선녀들이 내려와 목욕한다는 다딴라 폭포에서 내렸다. 그곳에서 인증샷을 찍기도 했다. 동남아시아를 여행해보면 레일 바이크나 짚라인을 타는 것이 대세인 것 같다. 비슷한 코스인데 굳이 여행지에서 타는 것은 잠시나마 여흥에서 긴장감을 느끼게 한다. 다시 쓰엉흐엉 호수를 지나갈 때 어둠이 내렸다.

달랏의 최고 걸작이라는 크레이지 하우스에 갔다. 한 여성 건축가가 높은 이상과 상상력으로 집을 짓다보니 생각과 다르게 집의 모양이 이상해졌다고 한다. 게다가 자금도 떨어지게 되자 궁여지책으로 일반인에게 입장료를 받고 개방하여 여행객들에게 호텔로 대여하게 되었다고 한다. 크레이지 하우스라는 이름을 얻게 된 것은 집의 구조와 모양 때문이다. 집의 맨 꼭대기로 올라가는 길은 여러 갈래지만 결국 내려왔을 때는 한 곳이다. 구석구석에는 괴이한 장식과 구조가 관람객을 어리둥절하게 했다. 그래서 집을 구경하고 나온 사람들의 평은 크게 두 가지로 나뉜다고 한다. 하나는 미쳤다이고 하나는 천재적이라는 것이다. 나는 천재적이라고 후하게 평가하겠다. 보통의 생각으로는 도저히 할 수 없는 것으로 가득 찼기 때문이다. 달랏의 호텔은 훌륭했다. 하룻밤만 보내야 한다는 것이 못내 아쉬웠다.

  조식을 먹고 달랏의 아름다운 꽃 정원을 보러 갔다. 아침 바람의 온도는 우리나라 초겨울같다. 눈을 들어 하늘을 보니 푸른 하늘과 흰 구름이 둥실 흘러간다. 눈을 아래로 내리면 온갖 꽃들이 만발한 정원이 들어온다. 막 단장한 정원에 햇살이 눈부셨다. 이런 모습들이 유난히 아름답거나 황홀한 것은 아니지만 문득 내가 유년시절에 나고 자랐던 고향의 하늘이 떠올랐다. 그때의 하늘과 공기처럼 비슷하게 느껴졌기 때문이다. 이곳도 앞으로 수십년이 흘러가면 지금보다 하늘이 낮게 내려앉거나 마스크를 끼고 봐야할 것 같아 괜한 걱정도 했다.

  공식적인 관광이 끝나고 쇼핑 관광을 했다. 침향과 노니를 구경했고 그 가운데 특히 커피 관광은 예상 이상이었다. 커피에 대해서 좀 더 자세히 알게 되었다. 그 동안 내가 마신 커피는 커피를 씻어서 나온 물을 마신 것이었다. 가이드가 내내 우리가 마시는 커피는 콩 씻은 물이고 제대로 된 커피를 마시게 해주겠다고 했는데, 이 말이 과장이 아님을 알았다. 사향 족제비가 커피 열매를 먹고 싼 똥 속에서 건진 콩으로 만든 커피는 훌륭했다. 단맛과 함께 느껴지는 부드럽고 짜릿한 향기는 이때까지 경험해보지 못한 커피였다. 베트남 사람들이 부러운 순간이었다. 유럽의 에스프레소도 진짜 커피가 아닌, 천박하고 경솔한 커피라고 감히 말할 수 있다. 어느 민족도 흉내내지 못한 커피 본연의 맛인 듯했다. 코끼리 똥 속에서 건진 똥커피도 일품이었다. 내 입안이 호강을 하다보니 정신이 아득해졌다. 정신을 차려보니 울안에 갇힌 사향 족제비들의 넋나간 표정에 눈길이 멈췄다. 아! 동물 학대가 이런 것이었구나 싶었다. 인간의 유별난 기호를 위해서 동물들이 자유를 박

탈당한 것이었다.

  3박 5일이라는 달랏, 나트랑 여행은 충분한 힐링을 가져다주었다. 말 그대로 여행의 일반적인 의미인 휴식을 얻었다. 여행지에서 아무 일도 일어나지 않으면 여행이 아니라고 하지만 이번에는 정말이지 아무 일도 일어나지 않았다. 편안히 쉬었다고 말할 수 있다. 또 충분히 행복하게 바라보고 느끼고 또 마셨다. 불행한 기억보다는 다시 오고 싶다는 기억이 가득했다. 다시 기약할 수 없지만 또 다시 와서 보고 마시고 느끼고 싶다.

코털

 콧구멍 바깥으로 검고 긴 털이 나온 여자를 생각해보자. 과연 그녀의 미모에 영향을 미치지 않을 수 있을까? 남자의 콧구멍에서 삐죽 나온 코털은 건강미 혹은 남성적인 결합요소로 생각할 수 있지만 여자에게는 전혀 아닐 것이라는 생각을 하게 된 것은 거울 속에서 발견된 내 코털 때문이다. 며칠 전부터 오른쪽 콧구멍 안에서 자꾸만 뭔가 걸리적거리는 느낌을 받았는데 그것이 코털인지 몰랐었다. 휴지로 애매하게 코를 풀며 그 존재를 없애려고 했다. 그런데 신기한 것은 그렇게 코를 풀고 나면 아무렇지 않다는 것이다. 그러니 이물질이 제거된 줄 알았다.
 햇살이 남쪽 창문을 달구는 오후 서너 시 즈음에 차를 마시면서 책을 보다가 버릇처럼 왼손으로 코를 쓰다듬어 마무리 하려는데 뭔가 손가락 끝으로 가느다란 실같은 것이 만져지는데 그 느낌이 신경을 자극한다. 눈으로 책을 읽지만 생각은 이미 책 속의 이야기에는 전혀 집중이 되지 않는다. 콧구멍 속에 잡히는 것이 뭐지하며 계속 콧구멍 속을 더듬는다. 서너 번 더듬으면 한 번은 잡히는데 그 느낌이 강렬하다. 결국 거울로 콧구멍 속을 관찰해보니 유난히 길어진 코털이 보였다. 그냥 내 몸의 일부라는 생각보다는 "뭐지? 전에도 있었던가? 여자에게도 코털이 나나? 나만 코털이 있는 것인가?" 등등의 엉뚱하고 예의바르지 못한 생각을 거듭하는 사이에 코털이 내 엄지와 집게손가락에 잡혀 뽑혔다. 햇살 아래로 드러난 코털은 검고 굵은 털로 상당히 단단하며 윤기가 있었다. 그런 건강한 털이 뽑힌 콧구멍 안은 얼얼하면서 화끈거리고 조금씩 당기는 느낌이 들면서 상쾌하지 않았다. 아! 그렇다. 내가 괜한 짓을 한 것이다. 그동안 내가 몰랐을 뿐이지. 콧구멍 속의 코털의 역할은 크다. 숨을 쉬고 내쉴 때 마다 좋은 공기를 마시기 위해서 거름종이 역할을 한다. 공기 속에 있는 매연이나 병원균같은 유해균을 걸러서 코딱지를 만들어 몸 밖으로 밀어낸다. 내 몸을 위한 기본적이고 최소한의 역할을 하는 파수꾼인 것이다. 그걸 내가 억지로 쫓아낸 꼴이다. 책 위로 떨어져 나자빠진 코털을 내려다보며 언젠가 어디서 본 황당한 이야기가 떠올랐다.

  자세한 기억은 아니지만 한 남자가 죽었는데 그 사인이 밝혀지지 않아서 여러 가지 추측과 억측이 난무하며 경찰을 곤욕스럽게 했었다. 그런데 검시관의 예리한 발견으로 그 남자의 사인이 밝혀졌다. 바로 코털 때문이었다. 코 안의 무성하게 자라야할 그 남자의 코 안에는 코털이 거의 다 뽑혀있었고 그로 인해 감염되어 죽은 것이다. 황당하다는 생각밖에 들지 않았는데 오늘 내가 그 생각이 잘못되었음을 제대로 알았다. 코털이 뽑힌지 며칠이 지났지만 오른쪽 코 안이 자꾸 따끔거리고 뻑뻑하게 당겨지는 느낌이 가시질 않는다. 내가 괜한 짓을 했다는 자책을 하면서 어리석음을 깨달았다.

  일본을 여행할 때 들러보는 곳이 있는데 우리나라 천원 샵 같은 곳이다. 그곳에 가면 일상 용품들이 다 있다. 일본인들의 손재주를 자랑하는 오밀조밀한 물건들과 정밀하고 또 기발한 것들이 많다. 그래서 평소에는 미처 생각지도 못한 물건을 사서 용도를 알고는 무릎을 치며 감탄을 했다. 그런 물건 중에 코털 깎는 가위를 발견했을 때도 그랬다. 머리카락을 자르는 가위, 손톱을 정리하거나 가시래기를 자르는 용도의 가위는 많이 봤지만 코털 자르는 가위는 처음 본 것이다. 그곳에는 코털 깎는 가위 외에 코털 깎는 전동 면도기도 있었다. 남편도 그 물건 앞에서 고개를 갸우뚱 거리기를 몇 번 하더니 계산대로 가서 물건을 샀다. 그때만 해도 나와는 전혀 무관한 물건이라고 여겼었다. 몇 번이나 쓸 것이냐고 투덜댄 기억도 났다. 이제 코털 전동 면도기를 찾아서 청소도 하고 건전기 교체도 해서 나도 사용할 준비를 해야할 것 같다. 손가락으로 억지로 뽑을 것이 아니라 자라면 깎아주어 더러운 먼지와 이물질을 잘 거를 수 있도록 해야겠다. 코털의 용도가 아무리 중요하다 해도 여인의 콧구멍 밖으로 가느다란 코털이 삐죽이 나와 있다는 것은 정체성을 흔드는 것이다. 찰리 채플린의 콧수염이 엘리자베스 테일러의 콧수염이 되는 것은 분명 재앙이다. 여인의 콧구멍은 미개척 동굴처럼 비밀스럽고 모호해야만 할 것이다.

개에게도 불성이 있다

 마을을 내려다보는 산중턱의 어떤 절에는 톰과 제리같은 두 스님이 오순도순 부처님 도를 닦고 계신다. 영리한 제리를 위해서 톰은 우직하게 절간을 꾸리고 음식을 한다. 만화에서도 톰과 제리는 겉으로는 늘 아웅거리면서 다투고 못살게 굴지만 잠시도 떨어질 수도 떨어지지도 않는다. 톰 스님은 제리 스님 때문에 매번 간에 열불이 나서 절간을 뛰쳐나가지만 동구 밖까지 못가고 되돌아온다. 그럴 때면 제리 스님은 통 유리창을 통해서 톰 스님이 언제 절간에 돌아오는가 기다리는 것이다.
 이런 일도 있었다고 한다. 번화가에서 볼일을 보러간 톰 스님이 먹음직한 햄버거를 사왔는데 그만 개에게도 불성이 있는 것을 깜빡한 것이다. 두 스님을 무인 보안 시스템보다 더 확실하게 지켜주는 개의 존재를 가볍게 여긴 것이다. 두 스님이 먹을 햄버거는 크고 먹음직스러운 것으로 사고 개에게 줄 것은 작고 내용물이 부실한 것으로 사온 것에 사단이 난 것이다. 똑같은 불성을 가진 생명체인데 어찌 차별을 할 수 있는 것인가 였다. 그렇게 불도를 닦으려면 절간을 나가라고 제리 스님이 톰 스님을 내쫓았다. 객(제리 스님)이 주인(톰 스님)을 내쫓았으니 톰 스님이 얼마나 열불이 났을까싶다. 그래서 톰 스님이 뒤도 안

돌아보고 뛰쳐나갔는데 막상 갈데가 없어 논두렁에 앉아 3시간 동안 분심을 다스리고 돌아오니 얄미운 제리처럼 갈 곳이 어디있다고 절간을 나가냐고 걱정하는 마음을 드러냄으로써 넘어갔다.

또 이런 일도 있었다. 마을의 늙은이가 기르는 개가 새끼를 다섯 마리나 낳았는데 제대로 돌봐주지 않자 제리 스님이 늘 개밥을 챙겨주시자 새끼들이 살이 토실토실 오르고 제법 개답게 짖어대자 톰 스님을 시켜 두 마리를 가져오게 했다. 그런데 톰 스님 눈에는 개의 자태가 영 마음에 차지 않았다. 모름지기 개는 두 다리가 당당해야 하는데 그 개는 다리가 길쭉한게 영 시원찮고 어미개가 너무 더럽고 꾀죄죄해서 그냥 돌아오자 이번에도 제리 스님이 불같이 화를 내며 톰 스님을 쫓아냈다. 이번에는 차를 타고 휙 나갔지만 또한 갈 곳이 없어서 돌아왔다.

나는 두 이야기를 들으면서 제리 스님의 차별없는 평등심에 감동을 받았다. 무엇을 구별하고 좋고 나쁨이 있는가 말이다. 다 각자의 마음에서 일어나는 탐욕심 때문에 차별하고 분별한다는 법문인 것이다. 물론 톰 스님의 마음 씀씀이는 무척 현실적이고 보상적이다. 절간 살림을 살고 유지하는 몫이 전적으로 톰 스님이기 때문에 소소한 것까지 챙기지 않으면 살림이 거덜난다. 그래서 잔소리는 안주인처럼 깽깽거리는 것이다. 반대로 제리 스님은 보시의 쓰임에 철저하고 대승적이다. 제리 스님의 책상 위에는 크고 작은 종이 조각이 널려있다. 그 종이에는 경전을 사경한 글씨로 가득차있다. 누군가가 한면만 쓰고 버린 것의 뒷면에 경이 쓰여지고 다 쓰지 않고 몇 장 남긴 공책에도 불경이 사경되어 있었다. 존경하는 도반 스님의 유작들을 아낌없이 그 절간과 인연 있는 사람에게 나누어 준다. 그렇게 절약하고 낭비하지 않는 결과를 반드시 신자들에게 회향하는 불보살행을 몸소 행하기 때문에 톰 스님을 가끔씩 힘들게하는 것이다. 보시의 의미를 너무나 잘 아시는 스님이기에 업을 짓지 않겠다는 깊은 마음을 톰 스님이 모를 리가 없지만 두 스님의 약값과 병원비는 줄어들지 않고 개까지 거두고 살찌워야하는 절 인심이지만 결코 사납지 않다.

저녁 공양으로 나온 날된장과 가지 구이는 이 세상 어디에 가도 먹을 수 없는 맛난 음식이었다. 집나간 자식이 돌아왔을 때 귀한 밥상을 차려낸 어머니와 같은 톰 스님의 음식 솜씨는 정갈하고 또 정성스러웠다. 해가 서산으로 기울고 통유리창 밖으로 검은 하늘이 드리울 때 문득 밤하늘의 별빛이 깔깔대는 내게 길떠날 준비를 서두르게 했다. 작별은 언제나 아쉽다. 특히 톰과 제리 스님의 절간을 떠나는 것이 아쉬웠다. 내 손을 꼭 잡고 다시 오라는 제리 스님의 차가운 손기운에 마음이 아팠다. 부디 병마를 떨쳐버리고 건강을 되찾아 톰 스님과 오순도순 살고지면서 득도를 하시길 바랬다.

미대동에 사는 친구

 팔공산 자락 미대동에는 선한 친구가 밭을 일구고 산다. 농담을 좋아하는 선한 농부인 친구는 언제나 여복이 많다고 너스레를 떤다. 초등학교 여자 동창들에게 자신의 밭에서 고추, 고구마, 비타민 나물까지 심도록 고랑을 내준 것이다. 1500평 농원에는 없는 것 말고 다 있다. 자두나무, 사과나무, 아로니아, 구지뽕, 뽕나무, 감나무, 복분자, 매실, 대봉감, 호두나무, 밤나무, 가죽나무 등 골짜기 하나를 다 차지하고 있다. 농원 입구에는 불두화, 장미, 다알리아 꽃을 심어놓고서 넘치는 여복에 자지러지면서 농사를 짓는다. 지난 번에 갔을 때는 때마침 입양한 청계 10마리와 함께 암염소 3마리에 숫염소 한 마리를 들여놓았는데 마치 주인을 닮은 듯 숫염소도 여복이 대단하고 황소처럼 큰 눈 가득 너스레를 떨었다. 그런 모습마저도 선하고 야박하지 않은 것은 마음 씀씀이다. 여자 동창들이 농원에 밭 갈러 갈 때마다 등나무 아래 걸어둔 무쇠 솥에 시시한 칠면조만한 장닭을 푹 삶아놓고 희희낙락하는 것이다. 솥 속의 장닭은 주인에게 장렬히 충성을 다했기에 내 마음이 조금은 불편했다. 선한 친구는 또 다른 곳에 터를 마련해 수백 마리의 닭을 키우고 있었다. 그 마당에도 장닭 한 마리에 암탉을 20~50마리를 거느리고 있다고 해서 선한 친구의 여복은 닭에게 까지 미친 듯 싶다. 어쨌든 선한 친구가 악한 친구가 되는 것은(닭의 입장에서) 버드나무 묘목 사이를 휘집고 다니는 장닭이나 암탉을 무작위로 닭털 뽑는 기계로 던져놓고서 순식간에 이승과 저승의 분간을 일축시키는 일을 했었다. 불심이 동한 내가 닭잡는 친구보다는 모이 주는 선한 친구가 낫다고 주제넘은 이야기를 해도 선한 친구는 그 일을 멈추지 않았다. 마치 저승사자가 염라대왕의 명으로 산 자를 데려가는 것에 비유하면서 친구들을 위해서 닭을 잡는다는 말로 살생의(5계 중) 엄중함을 유머로 내친 것이다.

내가 선한 친구를 다시 만난 것은 초등학교를 졸업하고 거의 45년만이다. 선한 친구가 동창인 줄 몰랐다면 아마도 모범택시를 몰고 다니는 정직한 운전자로 착각했을 것이다. 호수같은 큰 눈에는 붙임성이 많았고 내 이름을 수십년 전의 코흘리개가 부르는 것처럼 천진하게 불렀다. 자주 보고 재미나게 살자고 입버릇처럼 말했고 자신의 농원에 언제든지 와서 푸성귀를 뜯어가고 막걸리를 한잔 씩 하자고 말했다. 암탉 앞에서 너무 나대는 장닭을 잡아다가 온갖 약재를 넣고 고아주겠다고 계희씨(선한 친구의 아낙) 앞에서 능글맞게 굴었던 것이다.

선한 친구의 아낙은 여우같은 부인이다. 물론 나쁜 의미의 여우가 아니다. 남편을 잘 길들이고 또 고삐를 자주 당겨주면서 희희낙락한다. 처음 남편의 여자 동창들을 만나서도 주눅은커녕 맥주 깡통을 요란하게 할 정도로 술도 좋아하고 야비다리를 부릴 줄 알았다. 그래서 쉽게 언니, 동생하며 닭다리를 뜯을 수 있었다.

사실 선한 친구를 즐겁게 만나다가 2,3년 얼굴을 보지 못했었다. 그러니까 내가 귀농에 대해서 관심을 가지면서 흥농농원(선한 친구의 농장)으로 간 것이다. 흙을 상대로 하는 농사만큼 정직하게 땀흘리는 일도 없다. 지금 내 마음이 땀을 뚝뚝 흘리고 싶었던 것이다. 삶에 대한 무게와 방향 그리고 지탱해야할 에너지가 필요했기 때문에 흙을 동경했던 것이다. 선한 친구가 이런 내 마음을 잘 아는 것처럼 선뜻 밭고랑을 내주고 농사의 기초를 가르쳐주었다. 이런 친구를 선하다고 부르지 않는다면 잘못이다. 물론 자비와 베풂의 의미는 같을 수도 있지만 다르기도 하다. 선한 친구는 내게 베풂을 준 것이다. 6월의 쟁글쟁글한 햇볕 아래서 바닥용 비닐을 깔고 웃자란 고춧대의 밑둥에서 잎을 따주고 작물에 물주기와 잡초 제거 방법까지 배우고 나니 선한 친구의 밭에서 자라는 작물에 대해서 공짜로 얻으면 안된다는 것도 알았다. 엄밀히 따져 세상에는 공짜가 없다. 정당한 댓가를 모르는 척 하면 농사를 지을 수 없을 것 같다. 선한 친구는 정당한 댓가가 마침내 친해질 수 있는 묘약이며 또한 진리임을 일깨워준 것이다.

설날

 텅 빈 설날이다. 나이 들어가는 자식들과 1초가 무섭게 기침을 해대는 남편의 굽은 등 뒤로 보이는 설날 아침 풍경은 쓸쓸했다. 그 많았던 제물들과 오래된 사람들은 어디로 갔는지 보이지 않는다. 오고 가는 이가 줄어든 만큼 차례상의 음식 가지수도 줄고 덩달아 정성도 행복도 줄어든 것이다. 그 비고 줄어든 사이에 새로운 인연들로 메꾸어져야 하는데 그렇지가 못하다. 차례상을 물리고 단촐하게 앉아서 세배를 나누고 덕담을 한다. 남편의 훈계같은 덕담이 전에 없이 빛을 잃어가는 것을 벌써 눈치챘는데 남편은 아직도 시간이 멈춘 것처럼 열성적이다. 왜 남편에게는 세월과 시간이 더디게 흘러가는가 싶어서 생각해보니 속된 탐심이 적다는 사실이다. 내 머리 속에는 좋은 덕담보다 아랫사람들의 가슴에 비수같은 말들이 가득하여 항상 그것에 대해 골똘이 생각한다. 생각해보니 그 근원은 나의 욕심을 채워달라는 협박과 요구라는 것을 남편을 통해서 발견한다. 그래서 설날이 더욱 초라해진다.
 나이가 들면서 자식들이 들어오고 나가는 것에 비례하여 쓸쓸함도 달라진다. 자식들이 한창 잘 자라고 공부도 그럭저럭 해줄 때의 마음이라면 세상에 부러울 것도 불만족스러운 것도 없다. 그런 마음으로 쭉 나이가 들면 자식과 늙어가는 부모 사이를 일정하게 조율해주고 채워주어 세상은 근심 걱정없이 살 수 있을텐데 말이다. 행복은 성적 순이 아니라고 하는 말에는 의미가 다양하다. 물론 그 다양함 속에는 본인 능력과 행운이라는 기적이 포함되지만 어릴 때의 모습과 조건들이 결코 오래가지 않는다.

 내가 야박한 부모로 늙어가는 것은 전적으로 개인적인 가치관 때문일지도 모른다. 작년에 느끼지 못한 상황이나 감정의 이면에는 어쩌면 내가 많이 나약해졌음이다. 특히 몸이 망가지며 더 그런 것 같다. 자연스럽게 나이가 들어가면서 할 수 없는 것과 하지 말았으면 좋은 것이 늘어나면서 불안하다. 삶에 대해서 구체적인 행복이 무엇인지 찾지 말자. 특히 외부에서 오는 것, 객관적인 비교에서 여유로워질 필요가 있다.

 몇 주 전부터 마음속에 일상적이지도 평범하지 않은 생각 때문이다. 과로와 감기몸살 끝에 달고 온 천식 때문에 고생하는 남편을 바라보는 내 마음 말이다. 어쩌면 아주 재수없는 생각일 수도 있지만 만약에 내게서 남편이 없어져버리면 어쩌나하는 흉한 생각말이다. 잠자는 동안에 몇 번이고 심한 기침으로 일어나 앉은 남편의 등을 볼 때 느낀 두려움 때문이다. 사랑이 아까징끼(赤チンキ)라고 하지만 기침 소리에 자지러지는 남편의 작은 모습에 나의 아까징끼가 약이 되지 않는다. 뱃속에 든 장기들을 다 토해내듯이 기침을 하면서도 성묘갈 채비를 서두르는 남편 뒤를 졸졸 따라나서는 나와 자식들의 얼굴표정은 어두웠다. 아! 이렇게 삶이 조화롭지 않구나싶다. 명절을 맞이하는 것도 결국은 행복하기 위한 행위이며 살아있는 것에 대한 감사이며 오늘이 있음으로 인해 내일이 생기발랄할 수 있다는 것을 암시하는 것이다. 남편의 명분은 때로 사람을 질리게 한다. 산꼭대기에 있는 조상님의 산소

를 다녀온 뒤 소파에 널부러진 남편을 보고서 이번에는 내 마음 속에서 얄궂은 원망이 고개를 내민다. 처가에 안갈 모양인가? 싶어서 자꾸만 눈치를 살핀다. 고향을 향하는 마음은 아예 빈 공간으로 만들어버리지 못하는 것은 태를 묻은 곳에 대한 그리움이다. 그곳에는 아직도 인연의 끈을 놓을 수 없는 오래된 사람들이 살고 있기 때문이다. 이렇게 매년 설날이 되면 갈까말까하는 망설임에서 자유롭지 않다. 입으로는 당연히 해야할 미덕이라고 말하지만 눈빛을 보면 억지로 하는 미덕임을 느끼게 한다. 이제는 자식들마저도 아무 곳에도 따라가고 싶지 않다고 한다. 그렇다. 지난날 옛집은 조화로웠다. 식구들은 마치 집을 잘 꾸며주는 가구처럼 버텨주었다. 내가 가고싶지도 않고 아이들도 가지 않겠다고 하는 것은 그 없어진 가구들에 대한 향수가 옅어진 탓이다. 기침 때문에 등도 제대로 펴지 못한 남편에게도 어쩌면 없어진 가구같은 사람들에 대한 그리움일 것이다.

쓸쓸한 날

 빨간 산호 귀걸이를 하고 점심밥을 먹는다. 참 쓸쓸하다. 무채색 벽면이 내 수저질을 눈여겨본다. 마침내 뜨거운 눈물을 줄줄 흘릴 것처럼 벽지가 부풀어오르는 순간 창문을 활짝 열어젖힌다. 파랑새 한 마리가 내집으로 날아드는 꿈을 꾸고 싶은 갈망마저 사라졌다. 종달새처럼 지저귀던 아이들도 신세계를 향해 떠나가고 이제 남은 것은 근원적인 외로움에 익숙해지는 것 뿐이다. 혼자 점심밥을 먹다가 생뚱맞게 찾아온 우울감을 달래지 못한 나는 철학자처럼 사색을 한다.
 내가 세상에 처음 나올 때도 혼자였다. 엄마의 따뜻한 자궁 속에서 꿈꾸었던 세상은 차갑고 어수선한 것이었을까? 하지만 결국은 엄마 젖을 더듬고 빨고 걸음마를 하면서 비로소 세상에 우뚝 선다. 그 과정이 외롭고 힘든 것인지를 다 안다고 하지만 진지하게 인지하지 못한 사이에 그 쓸쓸한 근원적 외로움을 잊게 된다. 죽을 때도 마찬가지다. 나를 사랑한다고 밥먹듯이 말해준 사람들도 내 손을 끝까지 잡고 레테의 강을 건너지 않는다. 슬퍼서 울며불며 하지만 내 손을 놓아버린다. 내가 죽음의 순간에 맞닥뜨리는 두려움으로 온 생에 걸쳐 삶이라고 생각했던 것을 단 하나도 가질 수 없다. 그로부터 위안을 받지 못한채 그 쓸쓸한 근원적 외로움을 안고서 망각의 강을 건넌다고 옛 사람들이 말했다. 한순간도 내가 완벽한 즐거움이나 행복을 느끼기에는 세상이 복잡하고 산만하다. 그렇게 산만하던 삶에 찰나의 정적같은 외로움이 느껴질 때 우울함보다 더 적막한 쓸쓸함이 밀고 들어온다. 나는 계절이 바뀌는 간절기에 이러한 미성숙한 감정의 혼돈 속에 빠져든다. 젊어서도 그랬고 이렇게 늙어가는 시간 속에서도 느낀다. 뜬금없다고 하기에는 예사롭지가 않다. 하루하루 산다는 것이 만만하지 않다고 표현할 수도 있지만 그것보다는 더 태생적인 외로움 때문이다.

 존재가 무한하다면 찰나에서 갈등하거나 온전치 못한 감정으로 영혼을 흔들지 않는다. 멀쩡하던 사람이 방바닥에 사탕처럼 눌러 붙어서 삶이 허공처럼 텅 비었다고 울부짖거나, 아니면 기운마저 없듯이 숨이 끊긴 고등어의 순살처럼 붉게 충혈된 채 삶을 방관하는 사람은 없을 것이다. 유한성에 갇힌 영혼들은 행복을 최대한 누리겠다고 분주하다. 그 분주함이 건강할 때 삶이 주인을 배반하지 않는다. 그 주인이 삶을 배반할 때마다 정신병원의 침대는 자꾸만 늘어간다. 아름다운 영혼들은 파랑새를 따라서 집 베란다와 마을의 키 큰 나무와 구름을 넘어 깊은 산을 넘어간다. 내가 아침마다 창문을 활짝 열고서 파랑새가 깃들길 바라는 것은 이 생에 주어진 삶의 마무리이다. 오늘 점심밥을 삼키다가 목구멍에 걸린 외로움은 병적인 것이 아니다. 아주 건강한 정신의 빈틈이라고 위로한다.

 내가 잘 알고 있는 여인은 잠을 잘 때만 한가하다. 아침 눈을 뜨면서 시작된 그녀의 일상은 산만하고 분주하다. 사람을 만나고 운동을 하고 종교생활을 하고 쇼핑을 하고 영화관에서 낮잠을 즐기고 잘 굽은 닭다리를 뜯으며 맥주도 잘 마신다. 완벽한 삶, 충만한 삶을 살아간다고 그녀의 지인이 침이 마르도록 칭찬해댄다. 그런데 그녀는 가끔씩 내게 삶이 행복보다는 외로움의 자리가 너무 크다고 하소연한다. 그녀의 분주함 속에 한순간의 멈춤같은 공백이 생기면 안절부절 못하고 회색으로 변해가는 삶에 절망한다. 도무지 행복하지도 않고 화가 나서 눈알이 튀어나올 것 같다고 하는 그녀를 보면 가끔씩 내 모습인 듯 움찔한다. 참 쓸쓸한 인생인 셈이다. 잊을만 하면 그녀가 전화기로 나를 불러준다. 그럴 때마다 무결점의 영혼이 얼마나 불쌍한지 알게된다. 온갖 상상력으로 채워진 머릿속이 마비되는 것이 차라리 낫겠다는 생각이 든다. 오늘은 내가 그녀를 만나서 창밖으로 날아간 파랑새를 찾아달라고 해야겠다. 그녀가 내 파랑새를 찾지 못해도 괜찮다. 운이 좋아서 그녀의 파랑새가 우리집으로 날아온다면 쓸쓸함과 외로움이 초라한 우아함으로 일상을 새롭게 재구성할 것이다. 2월의 햇살이 빨랫대 사이로 흔들리고 있다. 이미 난 파랑새와 종달새를 같이 보았고 실비아 플라스의 난해한 시가 이해된다. 실비아는 까마귀, 산토끼, 암탉, 수탉을 잘 다루는 우울한 천재이다. 그래도 난 유아틱한 파랑새가 좋다. 노래 잘하는 종달새도 좋다.

언덕 위의 하얀 집(레이크 힐)

　졸지에 언덕 위에 하얀 집이 생겼다. 유년 시절 미국 민요 중에 '언덕 위에 하얀 집을 짓고'라는 가사를 많이도 따라 부르면서 그런 집이 어떤 모습일까 혹은 그런 집에는 누가 살까 생각했었다. 궁핍한 소시민으로 살아간 70년대 감수성으로 인생 전체를 바라보던 내게 그것은 로망이었다고 해도 과언이 아니었다. 개딱지같은 초가삼칸에서 거의 10명에 가까운 식구들과 씨래기 국에 고등어 대가리를 뜯던 나. 개버짐으로 얼룩진 노란 얼굴로 늘 꿈꾸고 바랬던 언덕 위의 하얀 집을 환갑을 넘기고 드디어 갖게 되었다. 그것도 일 년 이상의 철저한 계획으로 마련한 것이 아니라 무계획으로 달려든 셈이다.
　대구 경산간 지방도로에서 바라보이는 야트막한 언덕 위에 성냥갑을 세로로 세운 듯 나란히 세 채가 서 있다. 그 앞으로 포도밭이 짙은 색의 열매를 가꾸고 있다. 집 서편으로는 진못이 사철 연꽃으로 낚시꾼을 끌어들이고 있으며 남쪽 창 가득 이 지역의 크고 작은 산들이 겹겹이 둘러싸인 풍경도 있다. 산과 산 사이로 대학의 캠퍼스가 뜬금없이 자리하고 있다. 더 뜬금없는 것은 대학 옆으로 펼쳐진 골프장이다. 해가 서산으로 기울고 나면 길바닥에 기어 다니는 개미까지 보일 정도로 밝은 서치등이 호수 속에서 날뛰는 물고기 비늘처럼 휘황찬란하다. 군데군데 산허리에 지은 전원주택도 거슬리지 않는다. 사철 해가 뜨기 전에 운무 가득한 앞산의 풍경과 유리창 가까이 날아가는 새떼가 착시현상까지 일으켜 뇌진탕으로 마당에 떨어지는 곳이다. 그래서 집에 사는 것이 아니라 휴양지 콘도에서 휴식을 보내는 것 같다고 동생이 자랑스러워했다.

언덕 위의 세 채의 주인은 나와 언니와 동생이다. 그 이야기를 들은 사람들은 부러워 죽겠단다. 나이 들어서 자매가 나란히 붙어 살 수 있는 것도 대단한 복이라고 덕담을 한다. 복도 복인데 대복이 되려면 조바심이 날 정도로 만사에 조심해야할 것 같다. 가까울수록 가끔씩 보라고 한 고전의 가르침을 염두에 두고 의를 상하게 하지 않는 것이 언덕 위의 하얀 집의 불문율이다. 그 규칙이 깨어지면 하얀 집(정신병원)이 된다. 카사블랑카가 되려면 그 의미보다 관계의 유지가 우선이 되어야만 할 것이다. 우리 자매들이 언덕 위의 하얀 집을 선택할 때 나름 소확행을 꿈꾸었고 염두에 두었다. 뭐 대단한 것을 얻기 위해서가 아니다. 부모님께서 돌아가신 후에는 형제의 구심점이 없어지기 마련이다. 그 구심점을 만들기 위해서 선택한 집에서는 싫음도 존중해야 하고 불편함도 취향도 당당하게 밝힐 수 있고 인정해야 할 것이다. 그래야만 그 집에 사는 의미와 가치가 살아난다. 가장 가까이서 가장 사랑하는 것이 가장 힘들다는 것은 주지의 사실일 것이다. 서로가 잘하려고 하지 말고 그냥 사는 것이 오히려 나와 상대 모두에게 기쁨이 되는 사랑의 실천이다.

이제 레이크 힐의 주인이 되었다. 낡은 양말 같은 얼굴은 새집에 어울리지 않는다. 내 다리가 아직 튼튼할 때 열심히 계단(3층 복층)을 오르내려야 할 것이고, 부엌 창가에 심어진 동백이 만발할 때는 꽃그늘에서 앞으로 몇 번이나 이 아름다운 풍경을 볼 수 있을지 걱정하지 말아야 한다. 이보다 아름답고 소중한 것이 없음을 깨달으면서 언덕위의 하얀 집의 주인임을 인식하면 되는 것이다. 아파트에서 수십년 살아오면서 누린 편리함 가운데 누리지 못하는 것도 있다. 예를 들면 쓰레기 처리나 벌레들이다. 하지만 그런 것이 대수인가? 밤이면 창밖으로 쏟아지는 별들과 적막 같은 고요함이 있다. 그 고요함을 깨는 먼 곳의 개 짖는 소리. 어느 소설가 선생은 말했다. 개가 짖을 때는 지나간 슬픔을 슬퍼하기 보다는 닥쳐올 기쁨을 기뻐하는 것이라고. 레이크 힐에서도 닥쳐올 기쁨만을 기뻐하면서 오순도순 살고 싶다.

두루미의 참선

고고한 해질 무렵이다. '고즈넉하다'라는 단어를 사용하기에는 매호천 주변은 산만하고 밝았다. 해가 아파트 숲에 걸려 하천 주변의 갈대숲과 흘러가는 시냇물이 가을빛을 띈 채 어스름에 갇혀 버린 시간이다. 조금은 황량하기도 하고 볼품이 적은 도심의 하천에 잿빛 두루미 한 마리가 외다리를 한 채 멀리 금호강을 응시하면서 서 있었다. 그 때문에 해질 무렵을 고고하다고 표현한 것이다. 주홍빛 긴 다리를 한 발로 선 채 다른 한 다리는 90도로 꺾은 채 서 있는 모습은 선승의 모습이었다. 내가 하천길을 따라 금호강변까지 걸어갔다가 돌아왔는데도 (대략 1시간) 흐트러짐 없는 모습을 하고 있었다. 주변의 덤불 사이로 청둥오리 십 수 마리가 꽥꽥거리며 연신 잠수하거나 날개짓을 하는데도 미동이 없었다. 이 모습을 고고하다라고 표현할 수 밖에 없다. '저 새대가리는 무엇을 관조하고 있을까.'라는 생각에 나는 발걸음을 멈추고 새를 응시했다. 이때는 '이뭣꼬?' 보다는 조주의 無 자가 딱 맞는 화두 같았다. 조주에게 개에게도 불성이 있느냐고 누가 묻자 '無'라고 했지만 오늘 저 두루미에게 불성이 있느냐고 묻는다면 無가 아니라 有라고 할 것 같다. 우선은 꼼짝없이 한 시간 이상을 한 자세로 유지한다는 것 자체가 벌써 화두타파의 기본자세가 되기 때문이다.

참선 초심자는 20분도 반 가부좌를 하기 어렵다. 망상보다 발이 저리고 온몸이 뒤틀리기 때문에 그렇다. 적어도 1시간 이상 반 가부좌 자세를 유지할 수 있을 때는 제법 참선물이 든 사람이라고 할 수 있다. 몸이 조복되면 마음과 머리 속의 생각들은 망상이 아니라 한 생각에 집중하여 의심의 끝을 조여준다. 내가 잿빛 두루미의 고고한 자태에 빠져있는데 지나가는 산책자들이 함부로 두루미의 선수행을 방해했다. '희한한 새다.' '다리를 다쳤나?' '망을 보나?' 등등으로 말했다. 하지만 일주일 용맹정진을 하면 두루미도 붕새가 되어서 저 높은 가을 하늘을 치고 날아오를 것이다. 한 번 날개 짓에 서너 달이 걸리고 활짝 편 날개는 두 서너 고을을 덮어버린다는 상상 속의 상서로운 새가 될 것 같다. 물론 확철대오가 되어서 두 번 다시 환생하지 않는 대열반을 이루어 남루한 하천가를 날아들지 않으면 더욱 좋겠지만. 내 마음대로 상상을 해봤다.

　내가 매호천 변을 따라 운동과 산책을 한지는 오래되지 않았다. 그동안 매호천은 오염된 오수로 죽어갔던 보잘 것 없는 하천이었다. 적정량의 물을 채우지 못한 채 언제나 악취를 풍기는 생활 오수가 봄날이나 여름날이나 가을날이나 겨울날이나 똑같은 시커먼 색으로 쫄쫄거렸다. 지난해부터 구청의 숙원 사업으로 하천을 재정비하면서 검은 빛이 청색으로 바뀌었다. 수량도 제법이고 산책길도 만들어 도심 속에서 차량의 소음에서 벗어날 수 있는 휴식처가 되었다. 하천 변에 자라는 잡초와 잡목 위에 텃새들이 날아들고 청둥오리와 두루미까지 깃들어 태를 묻은 곳을 닮아간 것이다. 나뿐만 아니라 남녀노소가 늦은 오후부터 산책을 하거나 자전거를 타기도 하고 달리기도 한다. 사람들이 본성을 찾아가는 곳으로 강변에 간다고 내 멋대로 추켜세우고 싶다.

그래서 거의 매일 칸트처럼 하천변을 걷게 된 것이다. 늦은 오후의 햇살을 등지고 걷다가 금호강변에 다다라서 바라보는 밀레의 풍경은 신기루 같았다. 강변을 향해 놓여진 고속전철 철도와 경부선 철교, 도로 위로 달리는 자동차와 기차를 볼 때 마다 어떤 것도 한 곳에 영원히 정주하지 않는다는 것을 생각해본다. 이 생에 몸받아 영생을 누릴 수 없는 유한성이 인간에게만 주어진 번뇌가 아니다. 미처 하늘을 열지 못한 채 타버린 코스모스와 빈 농가의 담장 위로 처진 늙은 석류나무의 갈색 열매 등이 오래 살고 싶어하는 인간의 번뇌를 비웃는 듯 했다. 내가 매호천변을 산책하는 동안이라도 번뇌에서 벗어나 고고해지고 싶다. 철학자가 되기도 하고 행선수자가 되기도 한다. 잿빛 두루미가 확철대오하여 붕새가 되어 날아가고 나도 無자 화두를 타파하여 번뇌가 없는 고고한 사람이 되고 싶다. 망상이 깊다.

봉쇄수도원 카르투시오

세상 끝의 집이란다. 좋은 의미의 표현이다. 19세기 성 부르노가 창설한 카르투시오 즉 봉쇄수도원을 두고 한 표현이다. 외부세계와의 단절이다. 그 곳에 입소를 하면 죽어서도 수도원 담장을 나올 수 없다. 그곳의 묘지에 묻힌다. 부모가 죽어도 나올 수 없는 곳이라서 조금은 무시무시한 곳이라고 짐작할 수도 있지만 그것은 괜한 걱정일 뿐이다. 평생을 하느님을 모시는 종으로 예수 그리스도가 실천하고자 하는 사랑을 그대로 실현하려고 애쓰는 곳이기 때문이다. 오로지 기도로써 성령과 만나고 또 가난하고 어려운 이들을 위하여 기도를 한다. 봉쇄수도원에서 살고 있는 평수사들이 주고받는 대화 속에서 무엇을 가장 하고 싶은가에 대한 답은 주저 없이 다른 사람을 위해 도와주고 봉사를 하고 싶다는 것이다. 눈 푸른 프랑스인 수사도 한국 사람도 간절하게 말한다. 그러나 실제로 그들이 몸으로 다른 사람들을 도와주는 봉사는 할 수 없다. 그들은 간절히 기도함으로써 그 힘이 가난한 이들에 영향을 미치길 바랄 뿐이다. 19세기 창설할 때의 의의와 21세기 지금의 상황은 너무도 많이 다르기 때문에 그 규칙과 봉사의 방향이 조금은 달라져야 하지 않을까 싶었다.

물질만능시대에 살고 있는 우리들에게 카르투시오의 이념은 강렬하다. 그들 수사들은 하느님을 보기(만나기) 위해서는 위대한 포기(물질, 안락 등등)를 해야만 도달할 수 있다고 가르친다. 또 세상의 재물에 대한 자유로운 포기가 자발적으로 이루어지지 않으면 그 곳에서 수행을 할 수 없을 것 같다. 수사들이 걸친 낡은 옷과 양말, 구두, 실내화, 물품들 하나같이 헤지고 꿰매고 덧붙여서 사용하고 있었다. 두 발은 포개고 꿇어 앉아 있는 두 발의 뒷꿈치는 커다란 구멍이 무늬처럼 처연했다. 실내화의 끈은 청테이프로 두 번 세 번 감싸고 있고 밀짚모자의 안도 노랑, 청 테이프로 군데군데 구멍을 막고 있었다. 분홍색 고무장갑은 저렇게도 손에 끼고 있어야 할까 싶도록 손가락 끝에 구멍이 숭숭하고 장갑 옆구리는 아예 갈라져서 입구만 겨우 붙어 있었다. 여든 살을 훨씬 넘긴 노수사가 아무렇지도 않게 장갑을 끼고 빨래하고…햇살 비친 창가의 빨랫대에 걸쳐진 타올은 천의 이음새가 겨우 붙었거나 아예 없는 것이 처연하게 보일 지경이었다.

맨밥에 컵에 든 물을 마셔가면서 식사를 하는 노수사나 젊은 수사의 모습은 많은 생각을 하게 한다. 그들이 살고 있는 시설은 결코 화려하거나 최신의 편리함으로 채워진 공간이 아니지만 수사들의 해맑은 얼굴과 말없는 침묵은 너무 경건해서 경외스럽기까지 한다. 저들의 영혼은 태초의 모습을 간직하고 낮은 곳으로 내려놓고 가난의 미덕을 보태지도 부풀리지도 않고 본래 본성의 자리를 찾아가는 수승한 영혼들이었다.

종교마다 철저히 수행하여 종교의 진리가 원하는 삶을 살기 위해서 노력하고 수행을 한다. 불교에서는 무문관이라는 제도가 있어서 아예 6개월, 1년, 3년 동안 독방에서 철저하게 참선 수행을 한다. 입소하면 외부에서 아예 문을 잠그고 식사도 일정 양을 작은 문으로 들여보낸다. 단절된 공간에서 처절하게 수행을 한다. 그래서 본래면목을 찾고 성불하는 것이 최대 관심사지만 봉쇄수도원에서는 그렇지는 않다. 자급자족과 모든 것을 손수하고 가꾼 농사물은 공동체가 함께 나눈다. 가난하게 사는 것이 미덕이다. 그들은 철저하게 본인을 위한 수행보다는 타인들 특히 가난한 자, 보살핌을 받아야 하는 자를 위한 봉사가 더 큰 의미가 되는 듯싶다.

 오늘날 풍요로운 현실에서 물질을 포기하고 자유로움을 포기를 하고 수행하는 자들이 전 세계에 370명이 된다. 결코 많은 숫자는 아니다. 우리나라 안동에 있는 봉쇄수도원은 아시아에 유일하게 있는 곳으로 영국, 독일, 프랑스, 스리랑카 등에서 온 11명이 작은 힘이지만 강력한 기도로 세상의 평화, 평등, 자유를 실천하고 사유한다. 어떻게 살아야할까에 답을 줄 수 있는 시간들이었다.

3. 좋은 책 이야기

고향은 어떻게 소설이 되는가
반 고흐, 영혼의 편지
행복의 기원
나의 마지막 엄마
아름다운 인생은 얼굴에 남는다
베갯머리 서책
소크라테스 익스프레스
미켈란젤로와 교황의 천장
지금 이 순간이 나의 집입니다
유쾌하게 나이드는 법 58

모옌의 '고향은 어떻게 소설이 되는가'를 읽고

　노벨문학상을 받은 작품은 어렵다는 편견을 잊게 했다. 대체로 어렵다는 생각을 놓을 수가 없는 것이 노벨문학상을 받은 작품이다. 작가의 확고한 신념과 냉철한 관찰력, 판단력, 부여성, 사회의 논란성, 발전성 같은 것으로 꽉 차있기 때문에 읽기가 쉽지 않다.
　모옌의 소설은 무엇보다 익숙하다. 모옌이란 원래 뜻이 '말을 하지 말라'라는 의미라고 했다. 작가가 어릴 때부터 말을 많이 해서 어른들로부터 구박과 꾸지람을 많이 들었기 때문에 필명을 아예 모옌으로 지었다고 했지만 그는 이야기꾼이다. 타고난 입담을 글로 나타낸 이야기꾼이다. 수필과 잡글에서 표현된 작가의 어린시절, 청년시절에 겪었던 구차하고, 볼품없이 가난했던 모습을 모질게 묘사한 것이 너무 태연하다. 그래서 가공의 이야기인 줄 착각이 들 지경이다.
　자기비하적인 이야기를 성찰을 하지 않고도 노벨상을 받을 수 있을까 하는 소심한 생각을 하면서 읽었다. 그런데 작가의 의도가 숨겨져 있음을 발견하는 것은 어렵지 않다. 문화대혁명 이전과 이후의 중국의 어두운 면이나 보통 사람들의 고단한 삶과 사회적 상황들이 작가의 고향과 고향 사람들의 애달픈 삶으로 드러난다. 미래에 대한 비전이나 희망을 거창하게 제시하지 않는다. 결국 사람들에게 가장 중요한 것은 먹고 사는 것임을 가감없이 표현한다.

　붉은 수수가 중국의 일반인들에게 어떤 먹거리인지를 새삼 알아차렸다. 붉은 수수는 개개인의 목숨줄이고 나라를 건사시킬 수 있는 근원의 힘이다. 오래된 중국 영화에는 붉은 수수에 관계된 내용이 많다. 그런 영화를 봤을 때는 모옌의 고향에서 나는 붉은 수수가 왜 그렇게 많이 심어지고 중국의 현실을 대변하는 곡식인 줄 알아차리지 못했다.

　모옌의 고향에 가보고 싶다. 투명한 홍당무가 쓰여진 다리근처나 붉은 수수밭 들판을 보고 싶다. 실제로 가보면 실망을 먼저 하겠지만 모옌의 이야기 속으로 가고 싶다. 작가에게 고향은 어떤 의미일까? 유년시절과 청소년시절이 순탄한 사람과 많은 고난과 경험이 있는 사람 가운데 작가가 될 사람은 후자일 것이다. 헤밍웨이가 말했듯이 "작가의 가장 소중한 자산은 불행한 어린 시절이다."이다. 어린 시절은 거의가 고향이란 곳에서 보내게 되고 그 고향에는 어머니가 나를 낳을 때 흘린 핏자국이 있고 나의 조상이 있기에 고향은 나의 피가 흐르는 땅이다(작가의 말). 그 땅에서 일어나는 모든 일이 곧 나의 경험이며 그 경험이 곧 소설이 되는 것이다. 어떤 작가든지 본인의 경험에서 작품이 탄생하는 것이 보편적이다. 그래서 자신의 경험에서 벗어난 작품을 탄생시키기가 어렵다. 무엇보다 고향에서의 경험이 가장 벗어나기 어려웠다는 모옌의 말처럼 말이다.

　신체적 경험보다는 감정적 경험이 더 중요한데, 유년의 고향에서 가족, 친척들과, 산과 들과 강에서 보고 느낀 그 정서가 곧 위대한 선물인 것이다. 물질적으로 행복하지 못한 것을 함께 공유하는 불행은 극복이 어렵지 않을 수 있다. 모옌은 어릴 때부터 유난히 식탐이 많아서 많이 먹어도 배가 차지 않았다고 한다. 그래서 형제의 것을 빼앗아 먹고 훔쳐도 먹고 많이 먹는다고 두들겨 맞으면서도 배를 채웠다는 이야기는 훌륭한 것은 아니다. 비루하고 구차하기조차 하지만 모옌은 그런 경험들을 드러냄으로써 사람들의 정서를 왜곡시키지 않는 바탕으로 삼았다. 모옌의 작품 속의 주제와 사상은 생활 속에서 선택했다. 그 선택의 원천은 곧 고향이었다. 작가가 배워서 되는 것이 아니라고 했듯이, 호기심 많았던 유년시절의 고향의 경험은 그대로 소설이 될 수 있음을 알았다.

'반 고흐, 영혼의 편지'를 읽고

침대 머리맡에 '꽃이 활짝 핀 아몬드 나무'를 걸어두고 싶다. 잠이 조용히 곧 올 것 같다. 행복한 잠을 잘 수 있을 것 같다. 동생 테오의 아들의 탄생을 위해 그린 자장가 같은 그림이 세상의 많은 사람의 불안하고 두려움으로 인한 고통을 잊게 하는 묘약이다. 해바라기 그림과 밀밭 그림과 씨 뿌리는 사람, '사이프러스가 있는 별이 반짝이는 밤' 등등의 유명한 그림이 있지만 '아몬드 나무'의 그림이 참 좋고 편안하다. 생전에 유일하게 판매가 된 '붉은 포도밭(400 프랑)'은 그 당시 너무 아름다운 그림이라고 칭찬을 받았고 호평을 받아 드디어 매매에 성공한 작품이지만 내게 가장 고흐다운 그림은 오히려 아몬드 나무다. 왜냐하면 평생 내면의 우울과 열정과 고뇌의 뿌리 깊은 갈망이 정화된 모습이기 때문이다. 그저 바라보면 편안하다.

수많은 고흐의 그림은 너무 쉽게 그린 그림처럼 사람들의 감수성을 흔들지 못했다고 말하는 사람도 있었다. 실물과 똑같게 그려야 잘 그린 그림이 아니다. 그것은 사진일 뿐 화가의 영혼과 열정이 없는 것이다. 대개의 사람들은 사진 같은 그림 앞에서 발길을 멈추고서 감동을 한다. 실제와 같은 것을 찾으려면 차라리 사진을 찍는 것이 가장 정확하다. 나 역시 그림을 그려 보겠다고 덤빌 때마다 눈으로 보이는 것을 베끼듯이 그려보려고 무던히 노력했다. 그 결과는 늘 조잡한 비참함이 캔버스에 남아있을 뿐이었다. 고흐의 고뇌가 고스란히 드러나는 그림을 보니 참 부끄러웠다. 눈으로 보고 머리와 가슴으로 느낀 것을 붓으로 나타낼 때 작품이 된다. 내 느낌과 감정은 수시로 변하고 그래서 가장 기쁠 때 그림을 그리면 좋다. 고흐의 그림 중에 마음속에서 잊혀지지 않았던 것은 '감자먹는 사람들'이다. 이 그림은 백열등 불빛 아래 노동에 지친 사람들이 둘러앉아서 김이 오르는 찐 감자를 먹거나 권하고 커피를 잔에 붓고 있는 모습을 담고 있는데 처연하거나 불행한 모습이 아니다. 전에 나는 그림 속의 사람들이 몹시 불행하고 가난한 이들로 생각했다. 고흐가 말하고자 하는 것은 도시 사람들이 농촌의 농부 모습을 한번 보고 마치 그들의 삶에는 거침과 가난, 불행만 있는 것처럼 느끼고 그려내는 것이 잘못이라는 것이다. 농부의 노동의 댓가와 삶 자체를 그릴 수 있을 때 화가의 역할을 제대로 하는 것이다. 이런 고흐의 생각을 알고 그 그림을 보니까 결코 짓눌리고 불행한 가난이 아니다. 농부에게 주어진 맑은 가난임을 느꼈다. 어떤 그림 즉 어떻게 그려야만 하는지를 알게 된 것이다.

테오(동생)와 나눈 편지는 단순한 형제애를 드러 낸 것이 아니다. 한 사람의 화가 즉 예술가가 자신의 전 인생을 통해 부단히 노력한 삶과 예술에 대한 야망과 열정을 드러낸 글이다. 세상의 이목과 부와 명예를 얻기 위해서 예술가가 된 것이 아니다. 고흐는 자신의 본능적인 긍정적인 열정과 야망이 동생 테오의 삶에 도움이 되지 않아서 미안해했던 아주 순박한 영혼이었다. 항상 남들을 위해서 무엇인가를 찾는 따뜻한 마음의 소유자였다고 쓴 테오의 편지는 고갱에 대한 우정에서 잘 알 수 있다. 고흐는 고갱을 무척 좋아했다. 그의 그림을 참 좋아했지만 선원 출신인 고갱은 순진함보다는 명예와 부를 더 갈망했기에 고흐의 진솔한 우정을 외면했다. 결국 고흐의 정신세계가 혼란스럽고 뒤죽박죽이 된 계기가 고갱과 함께 살면서이다. 본인 귀를 자르고 정신병원에 입원하면서 고뇌는 절망이 된다.

'화가는 자연을 이해하고 사랑하며 평범한 사람들이 자연을 더 잘 볼 수 있도록 가르쳐주는 사람이다.'고 말한다. 이것이 곧 고흐이며 고갱이다. 행동하고 창조하는 것이 그림을 그리는 이유이므로 실제와 똑같이 그리고 색칠하는 것이 화가의 일이 아니다. 고흐의 눈에 보이는 그림은 '늙고 가난한 사람들의 아름다움을 그리고 누구나가 그려진 모델을 알아보는 그림'을 말하는 것이 아니다. 곧 겉으로 드러난 생김새, 얼굴, 몸동작을 닮게 그리는 것이 아니다. 느껴지는 느낌을 화폭에 전해주는 것이다. 그래서 고흐는 이런저런 유파에 속하기를 거부했다. 그저 인간의 감정을 표현하는 그림을 남기기를 원했다. 거창한 전시회를 거부하고 자신의 그림을 평가하는 것도 원하지 않았다. 그것은 화가는 모든 사람의 꿈처럼 꿈꾸는 것이 아니라 사고하기 때문이다. 화가의 영혼과 지성이 붓을 위해 존재하는 것이 아니라 붓이 그의 영혼과 지성을 위해 존재한다. 진정한 화가는 캔버스를 두려워하지 않는다. 이제 고흐의 그림 속에 담겨있는 조용한 기쁨을 찾아볼 때다.

서은국의 '행복의 기원'을 읽고

'사람이 행복을 느끼는 것은 생존을 위해서다'라는 문구가 충격이고 놀라움 그 자체였다. 여태까지 내 생각 속의 행복이란 고전 아리스토텔레스가 주창한 도덕적인 행복이었다. 삶의 궁극적 목적이 행복이란 개념은 무척 교과서적인 인식이었다. 그래서 행복은 항상 정신적인 문제이며 생활 속에서 일어나는 감정이 행복이라고 생각하지 못한 것은 개인적 문제가 아니다. 교육적, 도덕적이고 윤리적인 개념으로 고차원적인 이상으로 여겼기에 마치 형이상학적인 것으로 인식되었던 것이다. 이 책은 그런 고정관념을 아주 강하게 뒤흔든다.

아침에 일어나 처음 맞는 밝은 햇살도 행복이고 좋은 친구와 나란히 커피를 마시면서 환하게 웃는 것도 행복이다. 갖고 싶었던 옷을 입고 뽐내는 것은 행복이며 정성껏 차린 밥상 앞에서 맛있게 음식을 먹는 것도 행복이다. 그렇다. 결국 앞에 나열한 행복의 모습들이 삶의 일부이며 삶 그 자체인 것이다. 그런 삶을 유지하기 위해서 행복해야 하는 것이 곧 생존이다.

책 제목을 보고는 선입견이 작동했다. 분명히 아리스토텔레스나 소크라테스 등의 고대 도덕적인 정의를 새삼 분석하거나 재해석한 것 정도로 알았다. 그런 생각이 드는 한편 지금 내 삶이 결코 행복하지 않앉기 때문에 책을 통해 행복이 어떤 것일까, 어떻게 하면 행복해질 수 있을까 하는 기대감도 있었다. 그렇게 책장을 넘겼다. 그런데 행복의 구체적 방법은 없고 여태까지 내가 살아오면서 무수히 부딪혔던 상황들이 행복이었다.

결혼을 한 것부터 시작해서 첫 아이를 낳은 신비로움, 놀라움, 두어 해만에 둘째를 낳았을 때 나의 분신을 만난 느낌 등 무수히 많다. TV에 나와서 어리둥절했던 순간들, 처음 책을 내서 형제들과 출판파티를 했던 순간, 첫 해외여행을 가기 위해 공항에서 우왕좌왕했던 때, 가족여행의 첫출발, 자식이 자격증을 따고 대학에 입학했고 남편이 종교계에서 두각을 드러낸 일 등 참 많은 것이 행복이었다. 앞에서 나열한 많은 일이 결국 내가 잘 살아가는 생존 에너지였다.

만약 이 책을 만나지 않았다면 죽을 때까지 행복에 대한 도덕적 정의에 묶여서 행복을 전혀 느껴보지 못한 채 불행하게 살아간다고 바보같은 자책을 했을 것이다. 생각의 전환이 얼마나 큰 힘이 되는지 알았다. 살아가는 시간 속에서 행복이 어디에 있는가를 알아차리는 만큼, 내 삶은 건강해지고 뿌듯해진다. 그리고 결코 헛되지 않았음을 깨닫게 된다.

물론 현실적으로 창 밖에 눈길을 돌리면 숱한 어려움과 고통이 창을 두드린다. 일일이 그 고통에 답하고 대처하기에는 시간이 너무 유한적이다. 늘 아침 밥상에 마주 앉아있는 사람의 환한 얼굴과 그 입속으로 술술 넘어가는 밥을 보는 그것이 행복이다. 또 이른 아침 눈을 떠 마당으로 나가면 개가 쏜살같이 달려와 개껌을 달라고 앞다리를 들었다 놨다 아양을 떠는 모습을 보는 것도 행복이다. 지금 내 눈앞에서 펼쳐지는 풍경 속에서 행복을 보는 것이다.

아주 어려서부터 각인된 뇌 속의 도덕적 정의 행복을 이제 지우고 생활 속에서 만나는 행복을 느껴야겠다. 지나간 수많은 일들 대개가 슬프고 불행한 것으로 인식되거나 기억되고 있었던 이유는 알고보니 행복에 대한 이해와 방법을 몰랐던 것 때문이었다.

책은 말한다. "인간은 행복하기 위해 사는 것이 아니라 살기 위해 행복을 느끼는 것이다."

아사다 지로의 '나의 마지막 엄마'를 읽고

　엄마는 그리움이다. 가짜 엄마든지 진짜 엄마든지 늘 그 자리에서 나를 기억해주는 위안이다. 어느 누구도 나를 알아주지 않거나 밀쳐내도 엄마는 그 자리에서 나를 안아주는 사람이다. 사회가 복잡해질수록 우리는 엄마를 잊어버리고 자신의 삶에 열중한다. 문득 내가 누구이며 뿌리가 어디에 있었는가 싶어서 고개를 돌릴 때가 있다.
　가장 사랑하고 믿었던 가족들이 말이 되지 않는 이유로 곁을 떠나가고, 사회의 역할도 종지부를 찍게 되면 갈 곳이 없어진다. 그때서야 고독과 그리움에 몸부림치며 달려가고 싶어진다. 그렇게 간 고향에는 나의 마지막 엄마가 있다.
　엄마는 내게 밥을 먹으라고 한다. 밥을 먹을 수 있는 것은 살아있는 동안뿐이다. 엄마는 그것을 알고 있기 때문에 어떤 이유도 묻지 않는다. 아무리 자기 멋대로 살아도 너그럽게 받아들여주는 고향과 고마운 어머니가 필요한 것이 도시에서 치열하게 살아가는 현대인이다. 어느 누구든 본인 외의 사람에게 밥을 꼭 먹으라고 권하지 않는다. 옛사람들은 먹는 것 자체가 생명 자체였으므로 자나 깨나 자식에게 밥을 먹으라고 한다. 그러나 우리는 살아가기 위해서 밥 먹기 때문에 타인에게 권하지 않는다.

이 책을 읽는 내내 그 배경이 일본이 아닌 지금 내가 살고 있는 현실 그대로인 것 같아서 참 씁쓸했다. 자식들은 자라면 모두 대도시로 가버린다. 그곳에서 온몸이 가루가 되도록 열심히 일을 하며 고향과 어머니를 잊어버린다. 도시의 인간관계나 삶에는 어느 것도 자연스러운 것이 없다. 관계지어지는 것으로 모든 것이 유지되기 때문에 부자연스럽다.

작가가 말했듯이 엄마가 이토록 사랑받는 이유는 자연스러움 때문이다. 자식들이 어머니를 사랑한 이유는 무엇일까? 각자가 부자연스럽기 때문이다. 그러니까 출세하고도 가짜 엄마와 고향이 그리운 것이다. 책에는 사람들은 500만원이라는 돈을 주고 1박 2일의 가짜 고향, 가짜 엄마와 하룻밤을 보내는 것에 아낌과 후회가 없다. 오히려 또 다시 방문해서 엄마와 밥을 먹고 손을 꼭 잡고 오랜 이야기를 하고 싶은 것이다. 진짜 엄마가 되고 진짜 아들이 되어 남은 여생을 보내고 싶다고 조르는 것은 인간 본래의 모습이다. 카드 회사에서 진행하는 홈타운 서비스는 결코 소설의 이야기만이 아닌 것 같다.

곧 우리 사회에서도 진행될 서비스가 될 것이다. 성공한 사람들은 거의 고향을 등지거나 되돌아오지 않는다. 복잡한 사회 구조와 인간관계가 혈연을 소중하게 여기고, 고향에 돌아갈 수 없게 하기 때문이다. 먼 친척이나 그 자녀들을 취직시키고 일자리를 알선하는 것 자체가 요즘은 비리이다. 태어나는 모든 생명들은 멸하기 마련이다. 죽을 때가 되면 태어난 곳에 대한 향수나 그리움이 본능적으로 일어난다. 그러므로 고향을 그리워할 수밖에 없다.

현대인들은 고향을 잃어버렸다고 한다. 잃어버린 것이 아니다. 스스로 돌아보지 않았던 것이다. 돌아보지 못했던 죄책감이 가짜 고향에서

라도 살아오는 동안 쌓였던 마음의 회환을 떨치고 위로받고 싶은 것이다. 도시가 거대해지면서 상대적으로 고향이 사라졌다. 그 고향에는 언제든지 달려가면 반겨줄 엄마가 늙지 않고 있다면 위로가 될 것이다. 엄마의 엄마가 바톤을 받으면서 줄을 서고 있는 꿈은 꿈꿀 수 없는 꿈이다. 누구든지 살아온 삶을 되돌아보면서 엄마를 중얼거린다. 그러면서 내가 잘 살아온 것이 맞느냐고 묻는다. 그러나 그 대답은 들을 수 없다. 홈타운 서비스가 진행되면 제일 먼저 신청해보고 싶다.

원철스님의 '아름다운 인생은 얼굴에 남는다'를 읽고

　술술 읽혀지는 책이다. 결코 재미가 참깨처럼 고소하지는 않지만 감주처럼 달달하면서 목구멍을 넘어가는 맛이 있다. 스님은 아는 것이 많은 박식한 사람이다. 뭔가를 보기만 해도 당장 글이 되고 귀로 듣기만 해도 뭔가 떠올라서 글이 된다. 또 솔직한 느낌을 그대로 써내려갔기 때문에 부담이 없다. 미사여구라는 낱말이 전혀 어울리지 않는다. 인간적인 마음으로 인정에 약한 모습도 없다. 아닌 것은 분명한 이유를 들이대면서 꾸짖는다. 때로는 자비심이 넘치는 부처님처럼 있다가 계를 어긴 제자를 내쫓는 모습처럼 글을 썼기 때문에 사람들이 글을 참 잘 쓰는 스님이라고 칭찬을 한다. 나의 경우는 '아름다운 인생은 얼굴에 남는다'라는 책 제목에 눈길을 멈추고 글쓴이가 스님이라는 것 때문에 선택해서 읽었다.

　지독한 철학서와 종교서적을 읽다가 지칠 때 슬그머니 꺼내서 읽으면 좋다. 한 페이지 또는 한 줄, 한 단어에 머릿속이 답답하고 진전을 못할 때 원철스님의 책이나 김선영이 쓴 책이 좋다. 물론 스님이 지극히 개인적인 이야기를 줄줄 쓴 것은 아니다. 조사어록이나 경전, 고전에서 퍼온 내용이 스님의 손가락을 거치면 21세기 현대인들에 대한 가르침이 되는 것이다. 이것이 이 책의 장점이다. 수행자와 종교인이 참 다르다는 것을 스님은 쉽게 설명한다. 수도승이란 표현은 한자를 어떻게 쓰느냐에 따라 다르다. 서울 도심지 조계사에 기거하고 있으면 수도승이라 한다. 스님이 서울 한복판 절로 8시에 출근하여 오후 5시에 퇴근한다. 수행자라면 수도승인데 말이다. 옛날처럼 첩첩산중에서 수행만 하고 있으면 불자들이 절로 가지 않는다. 도시의 수도승이 되어서 신자들이 하는 것을 다 할 수 있을 때 비로소 중답게 된다.

'가난만 해도 얼굴가난만큼 서러운 것이 없다.'는 얼굴가난에 대한 스님의 글을 읽다가 문득 어떤 여인의 얼굴이 떠올라 가슴이 먹먹해진다. 그녀는 한 때 미인이어서 뭇 남자들의 마음을 설레게 했다. 그 과보로 남편은 아내의 얼굴값을 평생 치르게 했다. 그 여인이 근래 와서 얼굴이 너무 가난해져 버렸다. 양 눈썹 사이로 고드름처럼 골이 생기고 나이가 들면서 눈매가 위로 치켜 올라가고 악을 쓰며 말을 한다. 웃음과 미소를 잃어버린 가난한 얼굴에는 어떤 복의 그림자도 찾을 수 없다. 안타까움이 변해서 가까이 가면 오히려 불안해질 정도로 상대를 불편하게 한다. 아름다운 인생은 얼굴에 남는다는 제목의 글귀에 딱 맞다.

역경이나 고통, 고뇌, 근심을 꼼꼼이 살펴보면 상대가 내게 떠맡긴 것이 아니라 내 생각 때문에 일어난다. 아름다운 인생이라는 보편적인 정답은 없다. 그래서 본인이 스스로 만들어가는 것이고 다듬는 것이다. 불단에 꽃 공양을 많이 하면 다음 생에는 미인으로 태어난다고 스님들이 법문을 할 때 말씀하신다. 타고난 미인은 박복하다고 했던가! 아름다운 인생의 그림자가 얼굴에 남기 위해서는 어떻게 살아야 할까. 비워야 한다. 욕심을 버리는 것이다. 욕심은 얼굴을 가난하게 한다. 텅 비워낸 마음에는 자비가 싹틀 수 있다. 자비연민의 말은 쉽지만 실천은 어렵다. 평범한 불자들이 하는 말 중에 "돈 있을 때 보시한다."고 한다. 지금 없는 돈이 언제 여유롭게 생기겠는가. 길을 가다가 구걸하는 사람을 만났을 때 어떤 사람은 주머니 속에서 집히는 돈을 그냥 주지만 줄까 말까 망설이는 사람은 주머니 속의 셈을 하느라 자비를 행하지 못한다. 늙어서도 자신의 얼굴에 책임을 지지 않는다면 다음 생을 기약할 수 없다. 명절 동안 쌓인 피로를 이 책으로 날려 보냈다.

세이 쇼나곤의 '베갯머리 서책'을 읽고

헤이안 시대의 역사, 문화 등에 대해서 아는 것이 없는 내게 '베갯머리 서책'은 참 흥미롭고 호기심을 불러 일으키는 책이었다. 데이시 중궁(993년 이치조 천황비)의 여방인 세이 쇼나곤의 비밀스러운 개인사를 기록한 일기가 아니라 꼭 보여주고 남기고 싶은 공유되는 일기로 읽혀졌다. 헤이안 시대는 그 앞 시대의(중국 영향) 문화 즉 의상과 외모, 풍속(결혼) 등과 다르다는 것을 알았다. 사실 일본의 역사와 문화, 풍습에 대해서 아는 것이 별로 없었다. 일본의 가옥구조와 남녀의 차별과 연애와 결혼 풍습에 대해서는 놀라울 정도로 특이했다.

전통가옥이 통으로 된 것은 계절에 따라 열고 닫을 수 있는 오픈 구조로 섬의 기후 때문임을 알았다. 일본 여행을 갈 때 특히 고도에서 만나는 성을 둘러볼 때 그 구조에 대한 의문이 늘 생겼었는데 베갯머리 서책에서 해소가 된 것이다. 남녀의 연애나 결혼에 대해서는 무척 개방적이라는 이야기도 이해가 된 셈이다.

헤이한 시대는 일부다처제로써 남자가 여러 여자와 관계를 맺을 수 있고 결혼을 하지 않아도 무방한 풍속은 참 일본다웠다. 더욱이 헤이안 시대의 여자는 외간 남자나 집안의 남자들에게 (자라서)까지 얼굴을 들러내 놓고 생활하지 않는 모순은 여성의 차별인 듯 싶다. 그래서 헤이안 시대의 매력적인 여인은 미모가 아름다운 것보다(얼굴을 볼 수가 없기에) 검은 머리채가 감태같이 치렁치렁하고 살갗에서 매력적인 향기가 나야 한다. 외출을 할 때는 항상 부채로 얼굴을 가린다는 문화는 남녀평등과는 거리가 멀다. 이런 시대에 살았던 지은이 세이 쇼나곤은 유난했다. "초긍적 에너지를 바탕으로 사계절 자연의 변화를 세밀하게 관찰하고 주변 사람들의 행동과 심리를 마음껏 상상했으며 불쾌하고 슬픈 일조차 재미와 흥미로 승화시켜 웃음짓게 할 수 있었다."는 옮긴이의 설명처럼 세이 쇼나곤은 긍정적이었다. 자신을 둘러싼 환경과 처지에 대해서 솔직했다. 그 솔직함을 그대로 드러내면 남루해진다. 특히 신분이 낮은 하류층이면 사람들에게서 비난과 멸시의 대상이 되지만 쇼나곤은 호기심으로 보고 상상하여 대상물을 표현했다. 기쁜 것과 나쁜 것을 다 표현할 수 있는 힘은 한시에 대한 교양이 풍부한 덕분이다. 이 책에서 느낀 점은 헤이안 시대의 일본인들은 참 낭만적이고 삶의 무게를 가볍게 하여 인생을 즐긴다는 것이다. 천황이라는 절대적인 존재에 대한 충성심은 경이롭다. 천황과 중궁은 20겹에 가까운 화려한 옷을 입고 거만하게 왕좌에 앉아만 있어도 만백성이 따르고 나라를 이끌어 가는 일본의 역사와 문화는 신비롭다. 그 신비로움을 지탱하는데는 쇼나곤같은 여방의 역할이 매우 크고 중요했다. 모시는 중궁이 황후가 되어 물러가면 여방도 갓끈이 떨어진 신세가 되어버리는 가엾은 존재가 된다. 그러나 쇼나곤은 초긍정의 힘으로 데이시 중궁이 죽을 때까지 곁을 지키면서 의리를 지켰다.

베갯머리 서책은 후궁에서 일어나는 소소한 일들을 개인의 일기 형식으로 기록하여 역사로 남긴 일본 수필 문학의 출발로서 의미가 크다. 800페이지가 넘는 두꺼운 베갯머리 서책 속에는 매화(32), 벚꽃

(27), 등꽃(11), 귤나무꽃(4), 배꽃(3), 오동나무(1), 덕구슬나무꽃(3) 등이 지은이의 관점에 의해서 묘사되어 있다. 한가지 사물과 자연에서 한결같은 표현이 아니라 어떤 때는 기쁘고 아름답게 보이거나 어떤 때는 불행하고 나쁘게 보이는대로 나타냈다. 감정을 꾸미거나 속이지 못하는 지은이의 인생이 헤이안 시대의 결혼 풍습 때문에 결코 행복하지는 못했다. 남편이 아이를 낳고 다른 여자에게로 가버렸는 것에 대한 이야기는 불쾌하고 슬픈 사실이지만 재미로 승화시켜 웃음짓게(남자의 바람)하는 표현이 헤이안 시대의 풍류에 맞지 않다는 비난도 받았다. 그러나 헤이안 시대의 외모 지상주의와 결혼 풍습과 귀족에 대한 이해가 오늘날과 같은 점(외모 지상주의)도 있지만 무척 다른 것에 대한 충격도 컸다. 일본에 대한 이해에 크게 도움이 됨을 다시 한 번 느꼈다. 후궁의 여방인 한 여인의 눈에 비친 궁중의 생활, 추억 속에는 즐거움도 행복도 비애도 있다. 권력에서 밀려난 중궁의 초라한 죽음을 비극으로 표현한 작가도 있지만 쇼나곤은 패자의 문학을 승자의 문학으로 만든 것은 놀라웠다. 쇼나곤의 긍정적인 에너지는 현대인에게도 필요한 에너지다. 긍정의 힘이 많은 것은 변화시킬 수 있는 에너지인 것이다.

에릭 와이너의 '소크라테스 익스프레스'를 읽고

고대에서 현재에 이르기까지의 철학자의 고뇌는 인생에 대한 해답이다. 산다는 것은 생명체를 가진 것에는 공통적인 과제이다. 특히 생각을 할 수 있는 사람의 경우는 골치가 아프다. 쉽게 마시고 배설하고 자는 것으로 인생이 잘 돌아가는 경우는 없는 것 같다. 아니, 없다. 절대 권력을 가진 왕이나 피지배자인 일반 백성들의 삶의 절대적인 가치가 곧 철학인 것이다. 시대에 따라 철학은 윤리, 도덕이 되어서 일반 사람의 행동을 규제하기도 하고 통치자들의 덕목으로 꼽혀 부림을 받는 사람들을 통제했던 것이다.

이 책에서 철학은 사람들이 뭘 모르던 시절에 했던 것이 아니다. 우리의 삶을 최대한 잘 살아갈 수 있는 방법이다. 태어나서 건강하고 행복하게 살다가 죽는 과정에 철학이 필요한 것이다. 누구나 똑같이 경험하는 것은 철학하는 좋은 방법이 아니다. 탄생과 함께 죽는 것은 똑같지만 그 과정에서 어떤 삶을 살고 또 죽을 때 몸부림치고 두려워하고 고통스러워하거나 하지 않는 것을 판가름하는 것이 곧 철학하는 삶이다. 소크라테스 익스프레스에는 마르쿠스 아우렐리우스부터 몽테뉴까지 총14명의 사람들이 살아간 삶의 과정을 통해서 마주했던 문제들이 그들만의 것이 아니라 왕이든 사색가이든 유명한 사람이든 누구에게나 다 일어나는 문제들이다. 삶이 무한하다면 사색이라든가 철학할 이유가 굳이 없다. 유한성에 갇힌 삶이기 때문에 먼저 살아간 이들에게서 조언을 받고 싶은 것이다.

이 책에 나오는 14명의 흔적을 따라가며 얻은 조언은 독특하거나 유별난 것이 아니다. 우리가, 내가 미처 느끼지도 발견하지도 못한 미숙함과 미혹함이다. 남들보다 좀 더 일찍 일어나서 해가 뜨는 것을 본 사람과 보지 않은 사람들이 느끼는 삶은 다르다. 해가 뜨는 것을 본 사람은 절망의 해결책이 희망이 아니라 수용인 것을 안다. 죽는 것에 대한 생각도 마찬가지이다. 태어났으니 반드시 죽기 마련이지만 사는 동안 사람들은 죽지 않으려고 너무 발버둥을 치면서 죽음의 해결책이 마치 남들보다 더 긴 삶을 사는 것으로 여긴다. 길 수 있지만 철학하는 방법을 아는 사람이라면 죽음 자체를 수용한다. 죽음의 문제에서 수용할 수 있는 자세와 생각을 하면서 삶을 살아간다면 마치 교과서에서 제시하는 표준화된 삶을 사는 것이 아니다. 우리는 자꾸 결정지어진 어떤 사실들을 아는 것이 잘사는 것으로 받아들인다. 그때 그때 그냥 알아지는 것을 아는 것이 삶이고 철학인 것이다. 누군가가 남겨두었고 흘리고 간 그 모습에서 추상적 지식을 얻고 내 삶의 목표를 세우는 것이 아니라, 순전히 개인적인 진실이 중요한 것이다. 그 개인적 진실을 알아보게 도와주는 것이 바로 철학이다.

철학을 모르는 사람들이 오해하는 것 중 하나가 소크라테스에게서 무슨 사상이 있는 줄 착각한다. 소크라테스는 우리에게 '어떻게'라는 사고방식을 제시할 뿐이다. 그 어떻게는 바로 철학을 하는 방법으로, 대화를 주장했던 것이다. 대화를 나누다 보면 자신이 뭘 모르는지를 알게 되고 또 자신이 모른다는 것을 알지 못하는 사람에게 "너 자신을 알라"라고 일침을 하는 것이다. 이불 속에서 머물고 싶은 유혹을 뿌리친 마르쿠스는 해야할 중요한 일들과 생각해봐야 할 중요한 사상들이 이불 밖에 있음을 알고 있었다. 소크라테스는 철학을 사람들의 집안으로 불러들여 사고하는 방식을 아주 중요하게 여겼다. 대화를 통한 방법론 말이다.

루소가 한발 한발 집중해서 걷다보면 자연은 좋고 사회는 나쁘다는 것을 알아차린다고 말한다. 생각하지 않는 사람은 살아갈 가치가 없다는 진실을 알게 된다. 나를 둘러싼 세상을 가장 잘 본 철학자 소로를 두고 어떤 사람은 소로로 태어나고 어떤 사람은 소로가 되는데 성공하려고 대부분은 억지로 소로를 떠안는다고 한다. 루소가 물상에 빠져 걸었다면 소로는 어슬렁거리면서 내가 보는 것이 곧 나라고 말하는 철학자이다. 우리는 자신이 보는 것이 곧 자신임을 모른다. 남들이 이미 본 것을 가지고 내가 본 것처럼 결정하는 어리석음을 일깨워 준 철학자가 소로이다.

아주 염세적인 쇼펜하우어의 생각이 위험한 것이 아니다. 쇼펜하우어의 세계는 그의 생각이 만들어낸 세계일 뿐 우리는 각자의 생각으로 세계를 만들어간다. 그래서 삶을 가장 덜 인식할 때 가장 행복해질 수 있지 더 깊이 빠져들면 염세적이 된다. 세상이 염세적으로 보일 때 에피쿠로스를 만나면 참 다행일 것이다. 에피쿠로스처럼 세상을 즐길 수 있으면 사람들은 해롭지 않는 것을 두려워하고 필요하지 않는 것을 욕망하는 어처구니없는 실수를 했다는 것을 깨닫게 된다. 지금 당장 우리가 주의를 기울이는 것이 바로 현실임을 정확하게 알아차리면 삶의 질을 향상시킬 수 있다는 것을 에피쿠로스를 통해서 배워야 한다.

그 외에는 이 책에서 나름의 철학으로 삶을 살고간 철학자들은 공통된 질문을 한다. 바로 인간 본성에 관한 질문이다. 여기서 가장 골치를 아파했음을 알았다. 루소와 공자는 사람들은 선한데 사회와 집단이 인간을 타락시키거나 야만스럽게 만든다고 하고 시몬 드 보부아르는 본성은 애초에 존재하지 않는 것으로 아예 없는 것이 본성이라고 했다. 너무 골똘히 생각했거나 아니면 골치가 아파서 내팽개친 것이 아닌가 싶었다.

이렇게 나름의 철학으로 삶을 살아온 철학자들의 마지막 귀결은 죽음이다. 누구에게나 늘 염려스럽고 다소 불안하고 두려운 것이 죽음에 대한 것이다. 철학자들은 죽음이 삶의 실패가 아니라 삶의 자연스러운 결과로서 죽음은 삶의 끝이지만 삶의 목표가 아님을 깨닫게 해준다.

로스 킹의 '미켈란젤로와 교황의 천장'을 읽고

　미켈란젤로는 4년 4주 동안 시스티나 대성당의 천장화를 끝냈다. 프레스코의 문외한이었던 미켈란젤로는 조각가로 더 명성을 얻고 있었던 처지에 대성당의 천장화를 끝내고 "아주 담담하게 자신이 거둔 성과에 별로 기뻐하지 않았다."는 문장을 읽고, 미켈란젤로가 참 대단한 인내심과 고집이 센 화가임을 알았다. 미켈란젤로가 처음 대성당의 프레스코 작업을 의뢰받은 것도 그가 최고의 화가이기 때문에 선택받은 것이 아니라, 율리우스라는 폭군 교황의 믿음으로 이루어진 것이었다. 미켈란젤로 사후 시스티나 예배당 천장의 프레스코화는 유럽인들의 미술 공부의 전당이 되었다. 시스티나 예배당은 예술가들에게 아이디어의 창고로 후대의 많은 화가들이 필사하는 공간이 되었다. 그 시대 최고의 화가였던 레오나르도 다 빈치는 미켈란젤로와의 대결에서 망신을 당했고, 또 한 사람 이탈리아의 꽃미남 화가 라파엘로도 교황을 등에 없고 미켈란젤로에게 도전했다. 특히 시스티나 예배당의 천장화의 전반부를 공개했을 때, 미켈란젤로는 자신의 스타일에 큰 충격을 받고 이미 완성된 벽화 일부를 떼어내고, 자신을 모델로 한 투박한 인물화를 그려 넣기로 했다. 훗날 로뎅의 '생각하는 사람'의 소재가 된 것이 이 미켈란젤로의 얼굴이었다. 못생기고 투박한 모습을 소재로 삼

앉던 것이다. 우리는 사실상 미켈란젤로라는 화가(조각가)에 대한 관심보다 레오나르도 다 빈치의 예술에 열광하고 기억한다.

미켈란젤로, 다 빈치, 라파엘로 등 그 시대의 대가들은, 그저 눈으로 보고 느낀 것을 그리고 조각한 것이 아니었다. 그것을 위해 실제로 인체를 연구하고 심지어 해부까지 했던 것이다. 특히 미켈란젤로는 사람이 죽어갈 때 느끼는 고통으로 인해 근육과 뼈, 피부가 어떻게 변하는지 알기 위해서 살인까지 했다는 설이 있다. 책에서는 그가 살인누명을 쓰고 도망쳤다는 내용이 나오는데, 충분히 가능했을 것 같다. 이런 노력 덕분에 시스티나 예배당 천장에 수많은 이그누디(나체인간)의 터질 것 같은 근육과 뼈, 표정들이 살아있는 것처럼 보였던 것 같다. 신성한 예배당에 조심스럽게 미사와 기도를 드리기 위해 들어왔다가 문득 고개를 위로 쳐들었을 때, 이그누디들의 표정과 마주치면 금새 지은 죄가 탄로난 인간의 본성에 놀라 움찔할지도 모른다. 거칠고 대담한 그림 속에는 미켈란젤로 자신의 추한 생김새가 그대로 드러났다고 하는데, 미켈란젤로는 평생 자신의 생김새에 대한 비판과 자학을 했다. "자신을 허수아비에 비교하며, 기침을 하고 코를 골고 가래를 뱉고 소변을 보고 방귀를 뀌고 이빨이 빠진 자신의 모습을 자세히 언급했다."는 말에서 그러했음을 알 수 있다. 이렇게 미켈란젤로는 자신에 대해 극단적으로 표현했지만 사실 누구나 다 미켈란젤로처럼 그렇게 산다.

이러한 미켈란젤로의 모습은, 미남 라파엘로와 그가 그린 그림들과 대비된다. 라파엘로가 그린 인물들은 고상한 조화를 이루기 때문에 누가 보아도 아름답고 편안하다. 그에 비해 미켈란젤로의 인물화는 기괴할 정도로 박력이 있어, 위압감과 신비감이 넘친다. 라파엘로는 사물이나 인물을 그릴 때 겉으로 보이는 것에 정성을 다해 조화, 부드러움을 나타내기 때문에 지극히 아름답다. 그 내면에 감추어진 선악의 모습을 짐작할 수 없다. 모두가 선량하기만 하다. 그러나 미켈란젤로가 그린 사물과 인물에는 붓으로 그려낼 수 있는 겉모습과 모양의 아름다움보다 내면에 깊이 잠재된 것들이 다 표현된다. 미술의 한계를 무너트리고 인체에서 표현할 수 있는 것을 다 그려낸다. 라파엘로가 그린 율리우스 교황의 자화상은 늙고 지친 듯한 고집센 노인네가 얌전히 의자에 앉아 휴식을 하는 듯하다. 그 이외는 알 수 없다. 그러나 미켈란젤로가 그린 수척한 보아즈와 험상궂은 베르네스를 보면, 장대한 체구의 이그누디의 분노, 권태, 무력감과 같은 감정상태가 드러나며, 그 애매모호한 숭고함 때문에 사람들은 오히려 경탄, 충격, 공포심을 일으킨다. 라파엘로의 작품은 색조가 평탄하고 우아한 유연감이 살아있어서 아름답지만 오래 남는 감동과 충격은 없다. 미켈란젤로는 천성 때문에 우울한 사람이었고, 사람들과의 교류가 적었으며 특별히 몇몇의 가족 외에는 마음과 정을 나누지 않았고 사랑을 할 줄 몰랐다. 다른 사람에게 지극한 애정을 느끼고 그 애정을 위해 노력하는 이들은 부드럽고 유연할 수밖에 없다. 미켈란젤로에게는 그런 사랑, 자비, 유연함이 없다. 인간에 대한 불신, 비뚤어진 집착의 영향으로, 시스티나 예배당 천장화의 예수 조상들의 모습은 고결한 사랑이 넘치는 것이 아닌, 싸움하고 화내는 화목하지 못한 모습이다.

    이렇게 라파엘로와 미켈란젤로는 동시대 같은 교황 밑에서 같은 예배당의 천장화를 그렸지만 결국 라파엘로의 부드러운 아름다움이 미켈란젤로의 거친 숭고함에 지고 말았다. 라파엘로가 34살에 단명한 것은 무분별한 애정 행각과 무책임한 삶의 방식도 이유겠지만, 미켈란젤로의 시스티나 천장화를 본 충격으로 인한, 자신의 그림에 대한 회의와 절망이 그를 죽음으로 몰아간 것이 아닐까싶다. 이 책을 읽기 전에는 미켈란젤로가 천장화를 잘 그렸다는 것만 알고 있었다. 하지만 책을 읽고 난 후 그의 업적과 노력이 얼마나 인간적이었으며 지대했는지를 알았다. 후대 화가들의 지침서가 됨은 물론이고 인류 역사상 영원불멸의 작품인 것이다. 놀라움 그 자체였다.

틱낫한 스님의 '지금 이 순간이 나의 집입니다'를 읽고

 너무 마르고 볼품이 없는 스님이다. 내가 스님의 책을 처음 접한 것은 싯다르타 부처님의 일대기였다. 그때는 불교 신자가 아니라서 부처님이 어떤 분인지 몰랐었다. 같이 사는 사람(남편)은 불교에 미친 듯이 심취하여 생활 전체가 불교일 지경이었다. 청소년 시절까지 난 개신교를 접하며 자랐다. 모태 신앙은 아니었지만 조모께서 교회에 열심히 나가시는 신자셨고 작은 아버지, 고모들께서 돈독한 신자들이셨기 때문에 당연히 주말 예배를 꼬박 다니기는 했다. 하지만 그 생활이 남편을 만나면서 끝장이 났다. 결혼을 해서는 부처님께 빠진 남편 곁에서 불교를 알아갔다. 남편은 친절하게 불교를 가르쳐주거나 불교를 통해 감동을 주지 않았다. 혼자서 열심히 절에 가고 모임을 갖고 법회를 다니며 여기저기 인연을 심고 다녔던 남편을 이해하기 위해 불교를 알아야겠다는 생각이 들었다. 그때 집에 있던 만남이 틱낫한 스님의 책이었다. 읽어보니 책이 너무 쉽고 석가모니라는 성인이 우리와 똑같은 인간이라는 사실을 분명히 알게 되었다. 그 점이 잊을 수 없는 기억이었다. 하지만 그때에도 틱낫한 스님에게 본격적인 관심을 가지게 된 것은 아니었다. 그 후에 틱낫한 스님은 여러 권의 책을 냈고, 인연인지 그때마다 책을 사거나 다른 사람에게 선물로 받았다. 그 가운데 '

화해'라는 책도 영향을 미쳤다. 그 책을 읽었던 시절에 내 삶은 화해를 꼭 해야 하는데 방법을 몰라서 혼자서 안으로 화를 불태우던 시절이었다. 그 화해의 주인공이 남편인줄 알았는데 결국 스스로 자신과 화해를 하는 것이 평안과 행복으로 이끄는 것임을 알게 되었다. 그것을 알고 납득하게 되는데는 많은 시간이 필요했다. 스님은 너무나 고요하기도 했지만 자극을 주는 수행자였다.

하천가를 산책할 때마다 자두 마을의 걷기 명상을 떠올렸다. 실제 걷고 있는 나는 들숨도 날숨도 한 발자국에 담지 않고 쫓기듯 걸었던 것이다. 내 안의 모습을 알아차리기 위해서 한 걸음 한 걸음 천천히 내딛고 거두면서 호흡을 하며 나를 관통하는 성냄, 슬픔, 두려움 같은 감정을 자극하지 않고 스스로 그 자체를 관조할 수 있다는 점은 참선을 통해서 알고 있었다. 하지만 실제로 행하지 못했던 것은 수행으로 연결하지 못했기 때문이다. 나무가 우거진 숲길이나 뱀의 허리같은 오솔길과 햇살이 빗살처럼 비끼는 길이나 바람이 부는 날이나 꽃이 피는 날에도 천천히 길을 걷는 스님의 모습을 상상해본다. 그때마다 그것이 바로 진정한 평화임을 깨닫는다. 사는 것이 절대로 나를 속이거나 억압하거나 불행하게 하는 것이 아니라 감정 속에서 맴돌 때 그런 것이라는 사실을 느낀다. 물론 스님의 존재와 종교적 관점을 모르고 있을 때는 내 속에 소용돌이치는 감정 자체를 인지하지 못했었다. 감정에 휘둘려 뒤뚱거리면서 살았던 것이다. 그러나 내가 차츰 종교인으로서 삶을 지탱하고자 노력하는 사이 변화가 일어났다. 내가 가장 행복한 순간은 숨을 쉬고 있는 그 자체라는 것을. 천천히 아주 천천히 숨을 들이쉬고 내뱉는 것처럼 삶도 그렇게 사는 것이다. 100세를 앞둔 노 철학자가 던진 말도 '조심조심 또 미리미리'였다. 천둥번개 치듯이 빠르게 삶의 과정을 거치면 모든 것을 놓치게 되고 실수하게 된다. 또 조바심을 친구로 두고서 매순간 그 친구가 하자는대로 휘둘리게 될 것이다. 태어나서 죽는 날까지 시간은 길지도 않지만 한편으로 짧지도 않다. 천천히, 조심조심, 미리미리라는 소극적인 자세로 살면 삶은 무지하게 오래 유지되면서 '나'라는 본래 모습이 드러나게 된다. '나'를 제대로 인식하고 한 세상을 마무리하면 그 다음 생은 그 조건에 맞게 태어날 것이다. 이것이 부처님의 가르침이고 틱낫한 스님의 가르침이다.

로저 로젠블리트의 '유쾌하게 나이드는 법 58'을 읽고

아쉽다. 내 나이가 이미 60줄에 들어섰다는 것이. 유쾌하게 나이 드는 법칙 58개를 읽어보니 거의 모두 내게 간절히 필요했던 것이었다. 일상적이고 보편적이라고 생각하는 부분들이 전혀 그렇지 않다는 것을 깨달았을 때 한숨마저 나왔다. 내가 좀 더 명석했다면 지식이 많았더라면 하는 한탄이 아니라 생각이 지혜로웠다면 삶이 유쾌하고 가볍고 덩달아 행복했을 것이다. 물론 행복이라고 여겨지는 감정은 고작 5분 정도로 나를 만족시킨다고 하지만 그래도 행복해지고 있다는 그 과정이 삶을 유쾌하게 한다. 나의 인생은 가식과 남의 의견에 의해 취미가 결정되었었다. 그래서 '47번인 문화생활을 위한 규칙'을 읽었을 때 얼굴이 화끈거렸다.

'첫째 최대의 제작비, 해외 올 로케이션, 호화 캐스팅을 내세운 영화는 보지말라.' 맙소사. 내가 영화를 선택할 때 늘 염두에 두었던 사실이다. 그래서 영화관에서 망연히 졸거나 뛰쳐나오고 싶은 마음을 꾹 누르고 땀을 뻘뻘 흘리곤 했었다. 작품의 내용이나 감독의 의지 또는 메시지를 알아차려야 했는데 말이다.

'둘째 제목만 그럴싸한 소설을 읽지 말라.' 이 규칙에 딱 들어맞는 소설은 무라카미 하루키의 IQ84였다.

'셋째 길어도 가볼만하다고 소개된 콘서트에는 가지 말라.'

'넷째 독일어 남성 정관사 der로 시작되는 오페라는 보지 말라.'

'다섯째 다른 오페라도 보지 말라.' 문득 아주 오래 전에 어떤 부인이 오페라 관람권이 두 장 있는데 같이 볼 사람이 필요하다고 해서 따라갔던 그날의 불편함이 떠올랐다. 그때 47번 규칙을 알았다면 씁쓸한 기억은 없었을 텐데 싶다. 아무튼 58개의 규칙을 제대로 알아차린다면 아직도 많은 시간들로 다가오는 인생을 유쾌하게 살 것 같다. 나이 듦에 있어서 아름답기보다는 유쾌하게 하는 것이 쉽지 않다. 지금까지 살아온 습성들이 많은 것은 힘들게 하고 어처구니없는 반복을 하게 했다. 따지고 보면 어떤 거창함과 대단함이 있어야 인생이 화려하고 살만한 가치가 있는 것이 아니다. 35번 규칙에 있는 '당연하지.' 같은 말로 매우 자존심이 상해 상처를 받아 더 이상 대화를 할 수 없었던 상황들이 있었던가. 그것들이 모이면 행복이 아니라 불행이 되는 것인데 이런 것이 우리가 살고 지는 인생이다.

이처럼 아주 사소하고 습관적인 언어와 단어의 선택에 의해서 존재가 가벼워지는 것은 물론이고 영혼이 없는 존재가 된다. 산다는 것이 굉장한 것이 될 수 있고 그렇지 않을 수도 있다. '당연하지', '제기랄', '오늘따라 예뻐 보이는데', '정말 계산서가 필요한가?' 등의 말을 하는 사람과 하지 않는 사람은 차이가 있다. 절대 해서 안될 말이라고 저자인 로저 로젠블랏트가 충고를 하지만 늘상 그런 말을 듣고 사는 경우라면 그 삶은 아주 초라한 것일까? 초라해지지 않으려면 자신이 누구인지 이해해야 한다. 결국 스스로 내가 누구인지 분명히 이해한다면 저자 로저의 58가지 규칙이 없어도 유쾌하게 나이들 수 있다. 한 사람의 외면에는 중요한 사람과 나쁜 사람, 머리가 똑똑한 사람, 바보 같은 사람, 믿음을 주는 사람, 그렇지 못한 사람들이 섞여 산다고 로저가 말했다. 경우에 따라 좋은 면이 부각되기도 하고 억제되기도 하는데 스스로가 누구인지 이해하는 사람이라면 좋은 면을 부각시키면서 자신의 인생이 돈 때문이라고 푸념하지 않을 것이다. 또 내가 타인들을 알고자 할 때도 그가 지금 이 순간 빚을 바라고 있는 모습으로 판단하지 않을 것이다. 그들이 지금까지 늘 해온 행동이나 모습에서 그를 이해한다면 함께 인생을 유쾌하게 늙어갈 수 있을 것이다. 책을 덮으면서 오랫동안 기억나는 규칙은 '나쁜 일은 그냥 흘러가게 내버려둔다.', '당신을 지겹게 하는 것은 당신 자신이다.', 또 '당신만을 생각하고 있는 사람은 아무도 없다.'이다.

4.

생각하는 책 이야기

나쁜 책
은수저
문구점의 비둘기(츠바키 문구점)
아메리칸 프로메테우스
예수의 할아버지
꼬리
삶이 나를 어디로 데려가든
사람사전
청령일기(청령-하루살이)
참선
톨스토이기 번역한 노자 도덕경
개
마음

김유태의 '나쁜 책'을 읽고

　완전히 비정치적인 문학은 존재할 수 없다는 조지 오웰의 말이 있다. 조지 오웰의 책 '1984'는 한 때 금서였다. 인간 세상에서 문학의 가치는 참 중요하다. 작가 개개인이 처한 상황이든지 사회현상은 평화롭지 않다. 자유로움은 작가나 독자들 모두에게 필요한 갈망이지만 그 갈망을 방해하고 저지하는 부류들은 대부분 다스림의 위치에 있다. 누가 누구를 다스린다면 자유로움은 이미 압박이 된다. 그 압박에서 반기를 들고 세상 사람들의 머리와 가슴에 사랑을 느끼게 하는 역할이 작가들의 일이다.

　그 작가들은 전쟁, 종교, 관습, 제도, 성(性) 등을 주제로 하여 사회문제를 고발하고 대중들을 일깨워주려고 한다. 두 사람 이상만 모이면 집단이 형성되고, 곧바로 집단을 지속시키기 위해서 규칙과 제도가 생기는데, 이를 통해 억압하는 것이 정치의 순수한 모습이다. 정치에 속지 말라고 작가들이 그 속임수를 파헤치는 순간 '나쁜 책'들이 탄생한다. "좋은 문학이란 불안한 현실의 첨예한 모순을 빼어난 상징과 은유로 고발하면서 동시에 소설 그 자체만으로도 인간의 숙명을 압축하는 글이 아닌가요? 한 시대를 작동시키는 정신의 심장을 차가운 메스로 도려내면서 모든 시대의 살갗에 접촉하며 불에 덴 듯한 뜨거움을 주는 문학이야말로 참된 문학입니다." 지은이의 말이다. 작가가 '나쁜 책'에서 하고 싶은 말을 압축한 문장이다.

  젊어서 읽었던 책 중에 여러 권이 금서에 해당되었다. 그때는 왜? 라는 의문을 품기만 했지 이해는 되지 않았다. 깊은 성찰도 깊은 이해도 없었던 탓에 금서가 되는 이유를 알지 못한 채 읽었다. 때문에 "무슨 소설이 이렇지?"라는 의문을 느끼면서 책을 덮었다. 그리고 두 번 다시 읽지 않았다. 조지 오웰의 '1984', 헨리 밀러의 '북회귀선', 레이 브래드버리의 '화씨', 나보코프의 '롤리타' 등이다. 독자들을 불편하게 하는 책이라고만 생각했는데, 왜 불편한지, 작가가 왜 심기를 건드리는 내용을 선택했는지 알아차리지 못했었다. 단지 의문만 품은 채 더 이상의 도전은 하지 않았었다. 좋은 책에서 느끼는 문학의 가치는 두말할 것도 없이 인간의 문제 중 존재의 부조리나 영혼의 문제를 직면하는데 있다. 그래서 좋은 책이 되는 조건으로 어떤 편집자는 독자들을 흥미진진하게 하고, 새롭게 하면서, 불편하게 하는 것이 가장 중요하다고 말했다. 결국 나쁜 책이 좋은 책이 된다는 설명이다.

  어느 정도 독서가 취미 이상의 수준을 넘어서 일상이 되면 좋은 책이든지 나쁜 책이든지 그 책이 헛되지 않음을 알게 된다. 절망적인 순간에도 책을 통해 희망을 품게 되고 자유와 희망을 찾을 방법을 알게 된다. 사람들이 살아가는 세상은 행복만이 깔려있는 곳이 아니다. 두려움, 불안, 가난, 비참함, 공포로 가득 차 있다. 그 속에서 길을 잃고 방법을 찾아 헤매는 사람들에게 길라잡이, 거울이 되는 것이 책이다. 비록 내가 처한 상황과 다르지만 다른 세계를 경험하도록 도와주는 문장들을 따라가다 보면 분명 절망과 어두운 세계가 빛나게 된다. 지은이의 예리한 관찰력과 이해심으로 이제 금서 읽기에 도전해보고 싶다.

조바심, 선입견을 버리고 작가의 의도와 진정성을 읽어보는 것이다. 나쁜 책이 좋은 책이라는 것을 알아보는 것이다.

나카 간스케의 '은수저'를 읽고

　나의 유년의 뜰이 재생되었다. 유약한 한 소년의 불안과 불투명한 나날에 대한 두려움 때문에 눈물을 줄줄 흘리는 철학자의 이야기는 정말 아름다웠다. 사람의 심리와 자연, 눈에 보이는 실제를 표현하는 묘사는 마치 실제 눈앞의 정경과 사진을 보고 있는 듯했다. 그만큼 친절하게 친숙하고 정겹고 꾸밈이 없는 표현이었다. 사람의 마음을 어쩌면 이토록 아름답고 정직하게 표현할 수 있을까 싶었다. 꾸밈이 없는 솔직함 앞에 때로는 당황스럽기도 하고 난처하기도 할 만한데 눈물이 날 정도로 감동적인 부분이 한 두 곳이 아니었다. 작가는 일본인이지만 마치 한국의 옛 시절을 그대로 보는 듯했다. 그 정서가 동양적이어서 그런지는 몰라도 먼 훗날 내가 쓸 성장기 소설 같았다.
　유난히 잘 울고 눈물이 많은 어린 주인공 간스케는 무척 순수하다. 성정이 순수하지 않으면 마음이 움직이지 않고 또 자비로운 사랑이 생길 수 없다. 물론 작가는 이모의 등에 업혀서 자신의 유약하고 소심함을 감추기 위해서 울었지만 근본적으로 사물과 자연에 대한 순수함 자체였기에 유년에는 무서움과 용기 없음으로 나타날 뿐이다. 자라면서 또래의 아이들이 뭉쳐서 장난치고 뒤엉켜 노는 모습을 물끄러미 바라보면서 웃는 그 자체가 이미 또래의 정서를 뛰어넘는 모습인 것이다.

자주 어른들을 놀라게 하는 명한 모습 또한 유별난 모습이 아닐 수 없다. 책을 다 읽을 때까지 참 아름다운 마음씨와 정서가 느껴지지 않는 페이지가 없었다. 사람이 성장하는 그 과정 자체가 아름다움이다. 한 계단씩 올라갈 때 겪고 견디고 놀라고 그래서 발견되는 삶의 성장도를 이렇게 진솔하게 표현한 것은 없는 듯 했다.

  소설 속에는 작가가 나타내고자 하는 생각이나 사상들이 여러 차례 표현되면서 책이 완성된다. 이 책에는 사유와 사상의 그림이 없기에 센티멘탈해서 되려 비난을 받았다는 작가의 걱정도 있었지만 그것은 문제가 되지 않는다. 책을 읽으면서 위로받고 치유되는 경우가 많다. 누구에게나 겪었을만한 유년의 성장기이기도 하기 때문에 더더욱 그렇다. 어려서는 미처 몰랐거나 느낄 새도 없이 성장통을 겪었던 그때가 새삼 눈앞에서 되돌려보는 것 같기 때문에 그리움도 뭉게뭉게 일어나고 또 보고 싶은 옛 얼굴들이 하나하나 떠오를 때마다 마음이 아프기보다 미안하거나 오히려 부끄러움마저 느끼면서 '아'라는 비명이 새어나왔다. 학창시절 학년이 바뀌고 새로 부임한 담임 선생님과의 첫 대면에서 내가 느낀 불안과 두려움을 그대로 표현한 대목이 있었다. "처음 보는 사람을 대하는 개처럼 오감의 신경을 극도로 예민하게 세우고 권위 있는 그 목소리를 들으며 선생이라는 승자 앞에서는 연약한 동물의 민감함으로 새로 온 선생님이 이런 사람인지 그 즉시 파악했다."처럼 작가의 세세한 묘사는 참 독창적이었다는 나츠메 선생의 표현에 공감했다. 작가는 진실을 위한 노력이 진실을 손상하지 않는 것이 당연하다고 여긴다는 말에서 '은수저'가 간혹 재미없는 소설이라고 하는 사람들은 인생에는 심각함이 반드시 있어야 한다는 지적을 한 셈이다. 또 작가는 유년 시절에 눈으로 보았던 자연에 대한 기억들을

'사생'(실물 경치를 그대로 그리는 것)하는 기법은 참 탁월했다. 절대로 자연을 본인의 감상으로 윤색한 것이 아니라는 주장은 이해할 수 없다. 내 기억 속에 들어있는 유년의 자연도 작가의 자연과 참 많이 닮아 있었지만 미처 난 글로 표현할 줄 몰랐던 것을 알아차렸다. 이렇게 표현을 하면 되는구나 하는 감탄을 수없이 한 것이다. 유약한 소년의 눈에 보였던 자연은 꿈인 듯 싶다. "지상의 꽃을 따뜻한 꿈으로 감싸며 뭉근하게 미소 짓게 만드는 은빛 아지랑이 속에서 꿈의 나라 여왕처럼 화단 곳곳에 흰색, 붉은색, 자주색 모란이 핀다."라는 구절은 읽으면서 마당 깊은 집에 살았던 그리운 얼굴이 보고 싶다는 것을 깨달았다. 다 잊은 듯 기억의 원근 속으로 사라져갔던 사람과 풍경을 떠올리게 한 것이다. 참 세세한 묘사가 아닐 수 없다. 그래서 아름다운 소설이라고 하는 듯 싶다. 모든 인간이 작고 연약하고 소심한 시절을 지나왔기 때문이라고 한 해설이 이 책의 마법인 것이다.

고가와 이또의 '문구점의 비둘기(츠바키 문구점)'을 읽고

　기억의 원근 속으로 가는 그리움이었다. 까마득히 잊어버렸던 추억 속의 기억들이 되살아나면서 마음이 쿵쾅거리고 아련했다. 급속히 변해가는 21세기의 문화와 풍속이 나를 자라게 했던 정체성을 잊게 했다는 사실을 깨달았다. 전혀 필요치 않은 대필가의 직업에는 낭만도 있고 그리움도 있다. 츠바키 문구점의 폿포짱 일상을 알아가는 동안 수없는 웃음과 행복을 느꼈다. 그 이유는 바로 나의 유년과 청년 시절에 겪었던 추억 때문이다. 폿포짱의 일상은 비록 일본의 문화이고 풍속이었지만 우리도 명칭과 장소만 다를 뿐 비슷한 것이 많다. 정초에 절에 가서 가족의 안녕을 축원하는 일, 정월 대보름에 오곡밥과 귀밝이 술과 부스럼 깨기와 비슷한 나나쿠사(七草)가 그랬다. 즉 7가지 봄나물(미나리, 냉이, 떡쑥, 별꽃, 광대나물, 무, 순무)을 음력 1월 7일에 죽을 끓여먹는 명절이다. 이름만 다를 뿐 인간의 길흉과 건강을 비는 것은 비슷했다. 지금 사람들에게 오곡밥이나 나나쿠사는 큰 의미가 없기에 모두 기억하지 않는다. 그런데 책 속에 폿포짱이 남작(대필 의뢰인)이 건넨 나나쿠사를 감사히 받아 죽을 끓이고 그 물에 손을 씻고 손톱을 깎아서 1년 동안 감기 예방을 축원하는 묘사는 내 유년의 그리운 사람들을 떠올리게 했다. 누가 먼저인지 모르지만 근본적인 인간의 염원은 똑같다.

  이 책의 주요 내용인 대필도 마찬가지다. 우리도 예전에는 연애, 부고, 사업개시 등에 대필가를 찾아서 근사하게 글을 써서 기운을 받았다. 아무리 달필이라 한들 누구도 알 수 없는 글씨를 쓰면 멋스러움은 고사하고 촌놈이라 하며 연애도 어렵고 결혼의 결격사유가 된다고 했다. 글씨는 그 사람의 제2의 얼굴이라고 해서 상대에게 호감과 열정을 품게 한다. 내 친척 중에서도 아주 오래 전에 연애편지를 가짜 대필사에게 부탁한 사람이 있었다. (가짜 대필사들은 나의 언니들이다) 물론 지금은 다른 남자와 살고 늙은이가 되고 말았지만 그 시절에 불빛 아래서 호기심 많은 소녀들이 깔깔대면서 합작 연애편지를 쓰고 그 편지를 받는 소년이 날마다 읍내에 있는 상급학교로 가는 길목에서 기린처럼 목을 빼고 기다렸던 추억이 있다. 마음은 다른 사람이 품고 행동은 대필가가 했다. 성사 여부를 떠나 그 진심은 마음을 품은 사람에게 향하는 것이 진실이다.

  대학생이었던 시절에 타과 남학생의 독후감 대필을 해주고 영화관에서 영화를 보고 근사한 중화요리를 대접받았던 일도 기억에서 되살아났다. 폿포짱 덕분이다. 물론 댓가성에 대한 대접이었기 때문에 감정이라는 무례함은 없었다. 절실한 사람에게는 얼마나 긴요한 일인지 모른다. 얼굴을 보고 거절을 못하는 경우, 특히 돈을 빌려달라는 부탁은 자칫 관계마저 끊게 하는 행동이다. 이럴 때 근사한 대필가의 문장으로 정중하게 거절을 하면 무례함이나 야속함, 원망이 생기지 않고 오히려 무안해질 수 있다. 또 더 이상의 관계를 지속하기 어려울 때나 집요하게 굴 때 절연장을 보내면 상대는 마음을 정리하고 또 본인의 행동을 돌아볼 수 있다. 요즘 사람들은 아예 편지쓰기 자체를 하지 않는다. 스마트폰의 메일과 메모는 간결하게 의사를 분명히 전하기 때문에 번거롭지 않다. 사거리마다 하나씩 놓여있는 빨간 우체통이 사라진 지 오래다. 그의 역할이 역사 속으로 사라지고 그 자리에는 무의미한 빠름이란 속도가 차지해버렸다.

　정성스럽게 쓰고 입구를 봉하고 예쁜 우표를 붙여 우체통의 좁은 입구로 넣은 편지가 통! 하면서 바닥에 떨어지는 순간부터 기다림이 시작된다. 그 기다림 속에서 상대에 대한 나의 생각과 감정들이 정리되기도 하고 여과가 되면서 마음이 순수해지기도 했었다. 시간이 걸려 내 손에 답장이 주어지면 순간 행복이 가득해진다. 간당해진 관계가 이어져 회복이 되기도 하고 희망이 생기게 되면서 심성이 순결해진다. 빨간 우체통은 마음을 정화시키는 연락처였던 시절이 참 그립다. 이제는 편지를 쓸 대상도 없지만 무엇보다 마음이 편지를 쓸 여유를 잃어버렸다. 일상에서 글씨쓰기마저 줄어든 21세기는 대필가라는 직업을 필요로 하지 않고 알지도 못한다.

카이버드 · 마틴서윈의 '아메리칸 프로메테우스'를 읽고

1000페이지가 넘는 책의 마지막 장을 덮었다. 1000페이지 속에서 일어난 많은 사건과 사람들이 겪고 만들어낸 이야기는 지루함을 잊게 했다. 이미 영화로 만들어져 사람들의 기억 속에 원자폭탄의 아버지 오펜하이머에 대해서 낯설어 하지 않는다. 영화 흥행은 비교적 성공적인데다 여러 영화 평론가들이 오피(약칭)라는 복잡한 인물의 생애와 업적에 대해서 긍정적 칭찬 일색이었다. 물론 어떤 이들은 오피의 복잡한 사생활의 도덕적 문란함을 영화로 가감없이 보여준 것에 불평(15세 관람가)을 했지만 책을 읽는 동안 또는 책을 통해서 볼 때 오히려 오피라는 인물의 성향과 성격을 이해하는데 도움이 되었다.

유태인 부모를 둔 오피의 어린 시절과 청년 시절은 말그대로 유복했다. 부모가 일치감치 아들의 특별함과 비범함을 알아차리고 교육을 한 배려가 결국 20세기 폭탄의 시대를 열게한 원자폭탄의 아버지가 되게 했다. 오피는 단순한 이론의 물리학자가 아니다. 시인이며 감성이 순수하고 열정적이며 솔직함으로 가득찬 사회정치가이며 행정가였다. 인생의 목표가 설정되고 확고해지면 사생활에 일어나는 일들은 에피소드다. 특히 아내와 연인과 자식에 대한 오피의 행동은 결코 평범한 수준이 아니다. 그를 거쳐간 연인은 너댓명이 된다. 오피의 아내인 키티는 만사가 배배꼬여 감정과 분노를 거칠게 표현하는 반면 오피는 냉정하면서 온화한 사람이다. 겸허함과 극단적인 열정은 극과 극이다. 이러한 상황은 오피가 키티에게 의존하게 하고 키티가 오피를 지독하게 집착하게 했다. 오피가 사랑을 하는 대상은 결코 키티가 아니었다. 이러한 본인의 생각을 솔직하게 인정하는 바람에 사생활이 문란하고 끔찍하다고 했다. 사랑보다는 믿고 의지하기 때문에 키티에게 까다롭고 냉정했다. 자식에 대한 오피의 생각은 건전하지 못했다. 오피의 친구들은 그의 가정은 지옥같다고 했다. 딸인 토니가 태어나 3개월이 되었을 때 이웃인 스트렌스키에게 입양을 시키고 싶다고 했다. 그런 부모의 자식으로 태어난 아이의 고통은 피해갈 수 없다는 것이었다. 결국 피터(아들)은 두 번의 이혼 후 평범한 건축기술자로 살았고 딸인 토니는 두 번의 이혼 후 부모와 보냈던 세인트 존 섬의 오두막에서 자살했다. 간략하지만 참 불행한 오피의 가정과 사생활의 이야기다.

그러나 미국의 새로운 원자력 시대를 연 사람으로 그의 용기와 애국심은 원자폭탄의 아버지로서 칭송받았지만 결국 미국의 반공주의 마녀사냥에 희생되었다. 오피를 청문회장에 서게 한 루이스 스트로스 제독의 눈에는 그의 오만함이 본인의 책임을 회피하는 사람으로 각인되었다. 동료 물리학자였던 에드워드 텔리의 눈에는 오피가 수소폭탄 개발을 막는 것이 자신의 명예 때문이라고 하며 그를 이기주의자로 보았다. 그래서 청문회의 고통을 그에게 고스란히 안겨주었다. 헤리 트루먼 대통령 눈에는 오피가 징징대는 아이같았고 못마땅함 때문에 평화주의자의 이상을 보지 못했다. 스트로스, 텔리, 트루먼은 오피를 파멸로 이끈 사람들이다. 원자폭탄의 아버지에서 반역자, 스파이로 몰린 것은 수소폭탄 개발이 실패했기 때문이다. 젊은 시절 공산주의에 심취했고 후원을 받았다고 해서 소련 스파이로 몰리고, 반역자가 되어 파멸을 맞게 되었다. 오피는 일본 두 도시에 대한 원자폭탄 투하로 인해 무고한 생명들이 희생된 것을 보고 양심이 요동쳐 더 이상 살상 무기로 핵을 이용하면 안 된다고 주장했다. 그 시절 미소의 냉전은 어느 쪽이 먼저 수소폭탄을 개발하고 핵무기를 많이 가졌느냐를 경쟁하며 그렇게 함으로써 세계를 제패한다고 여겼다. 오피는 단지 핵을 경제와 사회 발전에 이용하기를 바랬다. 그의 자유로운 사고와 이상이 결국 미국 사회의 정치와 이념에 위배되었기 때문에 마녀 사냥의 희생양이 되었다.

오피의 성격은 복잡하다. 그의 삶을 통해서 보면 그렇다. 한 마디 말로 표현할 수가 없다. 평범하지 않다. 두뇌 회전이 빠르고 인식하고 받아들이는 속도가 매우 빨랐으며 사고가 자유로웠다. 한 인간의 천재성과 열정이 결국 시대의 흐름을 바꾸고 인간의 의식에 크게 영향을 끼쳤다. 나의 의문은 오피가 왜 노벨상을 받지 못했는가였는데 그것이 중요하지 않음을 알았다. 지난 해에 비로소 오피의 스파이 혐의가 벗겨졌다. 명예가 회복된 것이다. 나이들어서 1000페이지가 넘는 책을 읽는 것은 수련의 수준이다. 오랜만에 인간의 이성과 사고, 천재성에 대한 것과 열정과 사랑의 관계도 분명히 알게 되었다.

오피는 자신을 "대량 살상무기의 시대에 인류의 생존문제를 고민하는 인문주의자"로 내세웠다. 또 미국의 반공주의 마녀사냥에 숭고한 과학자가 유약하고 가냘프게 맞서는 것을 보고 많은 사람이 매혹되었다. 오피가 죽고난 후 부고 내용이다. "세계는 숭고한 정신을 하나 잃었습니다. 그는 시와 과학을 하나로 묶는 천재였습니다."(뉴욕타임즈), "비상한 우아함의 소유자. 지적 전통에 얽매이지 않는 귀족."(

뉴요커), 풀브라이트 상원의원은 "이 특별한 천재가 우리에게 무엇을 해주었는지 뿐만 아니라 우리가 그에게 무슨 일을 했는지도 기억합시다."라 말했다.

최원영의 '예수의 할아버지'를 읽고

"2천 년이 지난 지금 하늘로부터 구름과 함께 내려오시는 예수님의 모습을 부여주면 대부분의 젊은이들은 웃는다네. 이제 기독교는 재림을 기다리며 현실을 외면하고 천당에 가자는 기다림 공동체에서 오늘 여기서 우리의 삶을 서로 사랑하자는 생명 문화 공동체로 방향이 바뀌어야 하네. 이해 안 되는 문장주의에서 해방되는 큰 기쁨을 누리며 오늘을 위한 그리스도를 탐구하는 좁은 길을 계속 걸어나가세. 새 사도 선정은 이러한 교리와 종교를 초월한 기독교, 예수님을 바로 아는 기독교로 나가는 디딤돌이 될거야.(책 본문 436쪽)"

바로 작가가 하고 싶은 말이다. 21세기의 우리는 최첨단 과학의 세상에서 살고 있다. 눈부신 과학의 눈으로 볼 때 예수 부활이나 재림, 영생은 설득력이 없다. 냉동인간으로 지내다가 다시 살아날 수 있다는 현실과 무수한 난자와 정자를 냉동시켰다가 인공수정으로 사람들이 태어나는 시대를 살아가는 요즘 사람들에게 하느님을 믿으면 천당가고 믿지 않으면 지옥간다는 근본주의 교회로써는 사람들을 교회로 불러오지 못한다. 과학이 발달하지 못했던 시대에는 종교에 대한 강요가 성립되었지만 오늘날의 교회에 가는 이유가 신도를 두고 경쟁하는 사교장이라고 한 말이 참 맞다. 단지 대한민국만이 기독교 신자들의 수가 줄어드는 것이 아니다. 유럽 국가의 기독교인 숫자가 급격히 줄어 고색찬란한 예배당이 텅텅 비고 있는 현실이다.

그렇다면 기독교가 지탄받는 이유가 뭘까? 기독교인들의 삶이 설교 내용과 다른 경우가 많아서다. 특히 심심치 않게 터지는 교회의 재산 분쟁이나 성추문이 화약고 역할을 하고 있다고 책에서 말했다. 이러한 문제가 생기는 이유는 결국 근본주의 교회의 성서 내용이 사실이어야 하는데 틀린 것이다. 성경의 기록이 그 시대의 과학과 문화의 한계를 안고 쓴 역사적 산물이라고 했듯이 과학의 발전으로 예수를 믿어 천당 가는 것이 아니다. 예수가 전하는 삶은 살아가는 예수의 제자가 되는 것이 무엇보다 중요하며 그것이 곧 한국 기독교의 미래를 있게 하는 것이다. 새 사도선정의 내용이 기독교 개혁의 지침이다.

기독교가 성립하여 21세기가 되고 앞으로 어떻게 하면 눈부신 종교로 살아남을까? 1세기 유대 땅에서 성립하여 신앙의 시대도 예수의 가르침을 따르는 것에 주시했다. 4세기 로마를 점령하여 로마의 국교가 되어 예수의 신성, 원죄, 삼위일체 등의 교리가 생겨나 정통과 이단이 구분되는 믿음의 시대가 열렸었다. 16세기에 이르러서는 종교개혁의 진통을 겪으면서 마르틴 루터의 개혁안은 교회 밖에서도 구원이 있다는 것을 설파했다.

21세기 이후에는 교세가 급격히 줄어드는 전통 기독교가 살아남을 수 있는 방법은 믿음의 공공함에서 벗어나 깨달음의 시대가 열려야만 한다고 했다. 그 깨달음은 정해진 답에 스스로 당연하게 받아들이는 믿음에서는 깨달음이 없다. 깨달음을 통해 성숙한 기독교인이 되려면 나 자신을 넘어서는 그 무엇을 발견하는 것이다. 그것은 바로 생명의 깊은 차원을 알아차리는 것이라고 했다. 모태 신앙이었던 작가도 고등학교 시절에 '하늘 높은 곳에 있는 하나님은 자신을 믿지 않으면 지옥에 보낸다.', '그 사람이 아무리 착해도 안 믿는 사람이면 지옥에 간다.'에서 회의와 믿음이 생기지 않았다는 고백처럼 나 역시 청년 시절까지 이래저래 이어진 기독교 신자로 지내던 어느 날 작은 교회의 목사가 십일조를 낸 어느 신입 신자를 불러세워 놓았을 때 하느님의 은총이 특별히 가득하라고 기도한 적이 있었다. 가난한 학생이었던 나는 십일조를 할 수 없는 상황이었기에 교회에 가기가 부담스러웠다. 그 후에 불교로 개종을 했지만 말이다. 작가는 다행히 그 날의 회의와 고민으로 앞으로 기독교에 대한 미래 지향적 방법을 제시했다. 끊임없이 모순을 파헤쳐 밑져야 본전이라는 교회를 끝장내고 자신의 삶의 진정성을 찾을 수 있는 종교인이 되라고 채찍질을 했다.

박수용의 '꼬리'를 읽고

　다큐멘터리 영화를 본 것 같다. 너무 생생하게 표현한 한 문장, 한 문장에는 눈 앞에서 일어나고 있는 사실을 보는 것 같았다. 꼬리는 늙은 호랑이의 이름이다. 젊은 날 왕대로서의 영화를 간직한 채 죽음으로 다가서는 호랑이의 이야기는 한 인간의 삶, 즉 태어나고 죽는 과정과 전혀 다르지 않았다. 다른 점이라면 사람은 늙어가면서 스스로 일용할 양식을 마련하지 못해도 연금에 가입하거나 자식의 봉양에 의지한다. 그러나 호랑이는 죽는 순간까지 굶주림의 문제를 해결해야 한다. 그 굶주림을 해결하기 위해서 사냥을 해야 하지만 늙으면 먹이감도 만만치가 않다. 늙은 호랑이의 배설물에 섞여 나오는 개구리 뒷다리, 닭의 알 껍질이 배고픔을 이기지 못한 왕대의 체면을 보여준다. 더 이상 당당함과 거침없는 행동을 포기한 모습이다. 인간도 빵 한 조각 훔친 죄로 감옥에서 인생의 많은 부분을 날린다.

　'꼬리'라는 책을 읽게 된 동기는 단순했다. 평소 호랑이에 대해서 아는 것이 없었기 때문이다. 무섭고 가혹한 것에 견줄 때 자주 호랑이가 등장한다. 실생활에서 호랑이를 만날 기회는 0이다. 동물원의 우리 속에 갇힌 가축같이 길들여진 모습을 제외하면 호랑이는 그저 무섭고 만나지 말아야할 기피동물이다. 그런 궁금증 때문에 읽게 되었지만 참 놀라웠다. 아니, 충격이었다. 침팬지의 연구자인 제인 구달의 말처럼 '호랑이에 관한 황홀한 산문'임에 동감했다. 호랑이가 얼마나 위엄있고 근사한 동물인지도 새삼 알게 되었다. 인간이 먼저 호랑이를 자극하지 않으면 절대로 공격하거나 잡아먹지 않는다. 호랑이가 사람을 만나면 중도를 보여준다고 했다. 사람을 피할 것인가 아니면 싸울 것인가를 본능적으로 선택하는 것이 아니라 서서히 다가와 확인한 후에 조용히 물러서는 것이 호랑이의 중도라는 것이다. 이것은 작가가 경험으로 알아차린 진실이라고 했다. 그래서 조상님의 오랜 전설 속에 호랑이가 도인의 길을 안내해주거나 지극한 효자를 등에 태워서 한겨울의 홍시를 구하게 한 이야기에 대한 신빙성을 믿게 했다.

그러나 호랑이가 인간을 공격하는 경우도 있다. "새끼 딸린 암호랑이는 사람의 위협으로부터 새끼를 지키기 위해 우발적으로 공격하지만 부상당한 호랑이는 사람에 대한 원한과 굶주림을 해결하기 위해 의도적으로 공격한다. 새끼 딸린 암호랑이는 자신이 공격한 사람을 버려두고 가지만 부상당한 호랑이는 끌고가서 뜯어먹는다." 책에서 이 문장을 읽을 때 역시 호랑이는 뭇 동물들과 다른 의지가 있음을 알았다. 사람이 호랑이를 만날 때 차라리 겁먹지 않고 당당히 눈빛을 교환하면 위험을 모면할 수 있단다. 사냥꾼이 총으로 호랑이를 쏴야 할 때는 명치에 확실한 한 방으로 숨통을 끊어야만 사람이 이길 수 있다. 시베리아의 원시림에는 시베리아 호랑이가 살고 있는데 일부 사람들은 호랑이를 사냥해서 삶의 근간을 유지하려고 하고 다른 한편의 사람들은 작가처럼 시베리아 호랑이 보호협회를 만들어 호랑이도 인간과 함께 살아가는 한 부분임을 알리려고 한다.

작가가 특히 강조한 것은 야생과의 우정이었다. 늙어가는 숫호랑이

한 마리를 1년 동안 관찰하면서 "인간이든 호랑이든 살아있는 생명은 다 똑같다는 확신이 든다. 지능과 생활방식의 차이만 있지 태어나서 고민하다 죽는 것은 똑같다는 것을 보여주고 싶다."는 작가의 사유에서 자연을 인간만이 우위에 서서 독점할 수 없다는 것이었다. 늙은 꼬리가 왕대의 자리에서 물러나 굶주림 때문에 조금씩 서서히 죽음을 향해 삶을 견뎌내는 표현은 마음을 참 숙연케한다. 결코 호랑이는 인간을 제멋대로 해치거나 살기 위해서 잡아먹는 먹잇감으로 보지 않는다. 작가의 눈에 비친 꼬리의 늙어가는 삶과 방식에 대한 표현은 너무 사실적이고 철학적이었다. 호랑이를 통한 사유 속에서 탐욕의 문제가 인간이나 동물에게 똑같이 적용된다. 호랑이는 잡을 수 있을 때 많이 잡아놓으려는 습성이 없다. 단지 늙은 호랑이나 상처입은 개체가 사냥에 자신감이 부족할 때만 일시적으로 생겨나는 습성일 뿐이다. 그에 비해 인간은 먹고 남아도 쓰고 남아도 비축해두겠다는 탐욕을 끊임없이 일으킨다. 고통의 근원을 항상 달고 사는 것이 호랑이와 인간의 차이다. 늙는다는 것에 대해 자연은 배려하지 않는다. 사람이나 동물에게나 마찬가지이다.

"아침햇살처럼 붉었던 갈기털은 바래고 가늘게 되어 노쇠의 빛이 고였고 두렁같은 꼬리의 근육은 사라졌으며 숲을 활보하여 영역표시를 하던 삽같은 앞발은 나무의 뿌리목처럼 마디졌다...얼굴을 가로지르는 검은 줄무늬는 삶의 피로가 남긴 얼룩같았다." 작가의 눈에 비친 늙은 호랑이의 모습이었다. 그 표현은 너무 사실적이어서 늙은 인간의 자화상을 보는 것 같아 오히려 아름답게 느껴졌다. 호랑이에 관한 산문치고 이렇게 아름다운 글은 없을 것 같다.

김선영의 '삶이 나를 어디로 데려가든'을 읽고

　살고 싶은 삶을 사는 여인의 이야기다. 아직 젊다. 제대로 인생을 다 살아본 나이도 아니지만 삶을 제대로 살고 있다는 느낌이었다. EBS 세계테마기행의 큐레이터로 프로그램을 진행하는 것을 처음 보고 알았다. TV 화면에 나타난 그녀는 참 발랄하고 행복해보였다. 같은 여자로서 저렇게 꾸밈없이 밝게 삶을 바라보고 또 삶을 대할 수 있을까 하는 부러움으로 그녀가 진행하는 기간을 빠짐없이(5일) 다 시청했다. 그렇게 인상에 깊게 남아있었는데 신문에 그녀가 쓴 책에 대한 서평이 있어서 망설임 없이 책을 구입했다. 그녀의 명랑하고 행복한 삶을 낱낱이 보고 싶었는데 첫 장을 넘기면서 가벼운 충격을 받았다. 한 남자를 10년 동안 사랑했는데 이별을 하고서 삶의 희망을 놓아버리고 죽으려고 세계여행을 떠나려 했다는 너무 통속적인 이유 때문이다. 실망을 느끼면서도 왜보다는 어떻게 다시 삶의 희망을 가질 수 있었는지 과정이 궁금해졌다. 책을 읽으면서 그녀가 주절대는 내용을 TV에서 본 큐레이터로서 발랄했던 모습과 비교하면서 그녀를 알아갔다. 누구에게나 삶에서 고통은 늘 있다. 양상이 다르지만 그 무게는 같은 것이다. 고통을 고통으로 끝내면 오히려 존재의 가벼움이 된다. 반대로 고통의 원인을 알아차리면서 그 사이로 비치는 희망의 빛을 볼 수 있는 사람은 오히려 고통이 힘이 된다. 이런 다양한 삶이 있다는 것을 알면서 반전이 일어난다.

김선영이라는 여인은 본성이 넘치는 긍정의 힘으로 똘똘 뭉쳐있기 때문에 죽음을 무상으로 극복한 것이다. 프로다이빙, 요가, 명상을 배우면서 세상에 태어난 생명을 반드시 죽게되는 무상을 삶에 실천했다. 그 무상을 온전히 알아차리기까지 참 힘든 상황을 이겨내는 용기를 또 다른 고통과 어려움을 겪고 있는 사람들에게 주고 싶다고 말했다. 누구에게나 똑같은 삶, 비슷한 삶만 있는 것이 아니다. 어떤 삶에서도 행복과 위안을 받을 수 있다는 것을 그녀는 여행간 바다에서 배웠다. 프로다이빙이라는 평범하지 않은 체험은 아무나 할 수 없다. 그녀의 호기심과 적극성이 우리나라 최고의 프로다이버가 되게 한 것이다. 블랙아웃이라는 아주 위험한 경험으로 다시는 바닷속으로 뛰어들 수 없다는 절망을 요가로 극복하는 과정은 참 용기있는 행동이었다. 물론 글로 다 표현할 수 없는 어려움과 스트레스가 있었겠지만 힘듦보다 희망이 더 큰 방향으로 흘러가게 한 것 같았다. 여인으로서 그녀의 용기에 감동을 받았다. 나도 어느 시절 힘들었을 때가 있었다. 내 힘으로 어떻게 할 수 없다는 그 절망 말이다. 그저 흘러가는 대로 절망을 따라가면서 삶을 내맡겼다. 꼭 뭐가 되어야겠다는 것도 없었고 또 그 절망을 어떻게 버릴지 방법도 없었다. 절망을 도저히 떼어낼 수 없어 다른 선택으로 희망을 볼 수 있도록 기도하지도 않았다. 그저 누군가의 곁에서 내 삶의 여운을 조금씩 찾아가는 것으로 만족했었던 그 시절이 자꾸 김선영의 삶과 비교되어 내 삶이 안타깝게 여겨졌다. 다시 태어난다면 김선영의 삶처럼 누군가에게 희망, 용기, 위안을 줄 수 있으면 좋겠다. 어느 시절에는 빨강머리 앤처럼 어떤 사람에게 선택되어 전혀 예상하지 못한 삶을 살았으면 좋겠다는 아주 유치한 꿈을 꾼 적도 있었다. 이제야 겨우 그 꿈을 던졌다. 대신 김선영이라는 프로다이버의 긍정, 용기, 블루홀에서 느꼈다는 그녀의 희망과 행복을 내꿈으로 바꾸었다. 그녀는 곧 블루다.

정철의 '사람사전'을 읽고

우리 말의 숨겨진 비밀이 그대로 까발려졌다. 예를 들어서 '세속'같은 낱말이다. 기를 써서 뒤집어도 속세다. 결국 세속은 다시 속세가 된다고 능청스럽게 썼다. 그 뿐이 아니다. 얼마나 기발하고 놀라운 발견이 아닐 수 없다. 평상시 쓰는 모든 말에도 이면이 있는데 우리는 그것을 놓치거나 무관심하거나 아예 생각하지 않고 사용한다. 두루뭉실 써도 잘못을 저지른다는 것이다. '된'과 '한'을 잘못 사용하면 그 주체가 받는 고통은 상상이상이다. 아무도 그런 취급을 받고 싶지 않는데 갑질을 한다는 주체들, 윗사람, 위정자 등이 함부로 싸잡아서 하는 말이 뜻이 되어버린다는 지적이 참 놀라웠다. '소외'라는 단어도 설명하면 사람들이 이웃을 표현할 때 즉 '소외된 이웃'이라고 표현한 것이 잘못이라는 것이다. 사람이 그들은 따돌린 것으로 소외한 이웃이라고 정정해주었다. 사소한 말과 단어들이 사람을 중심으로 설명할 때는 그 내용과 표현에 달라지고 변질되는데 그 원인이 바로 사람의 무책임에 가까운 자기주의, 이기심, 욕심에서 발현된 어법이고 행동이라는 것이다.

책의 제목이 '사람 사전'이다. 제목을 봐서는 책의 내용은 짐작하기 어렵다. 이 책 속에 풀이된 내용은 오로지 '사람'에 대한 것이라는 사실을 책을 읽으면서 비로소 알게 된다. 보통의 사전은 사람들이 알고 싶어하고 궁금해 하는 모든 지식이 다 들어있다. '사전'이라는 말에 꽂혀 있으면 이 책은 엉터리 사전이 된다. 그러나 오로지 '사람'에 관한 것의 설명이라는 사실을 상기 하면서 읽으면 참 재미있고 작가가 얼마나 능청스러운 사람인지를 알고 실실 웃음이 나오기도 하고 '아하' 하는 감탄사도 나오고 어쩜 이렇게 예리하고 예민할 수가 있나 싶다. '봉사'라는 단어를 설명하는데 이르러서는 피식 웃었다. 봉사라면 남을 도와주는 선행을 퍼뜩 떠올린다. 작가는 능청스럽게 군다. 사장님, 회장님, 총장님 등 앞의 글자를 떼고 장님이 되는 것이 봉사라고 한 것이다. 봉사의 진정한 의미는 이익에 눈을 감는 것인데 앞에 영리한 사람들을 그들의 행동은 꼭 사진을 찍거나 누구에게 보일 때 하는 행동이기 때에 문제라는 것은 돌려서 살짝 한 방 먹이는 표현인 셈이다. 유쾌하지 않나 싶다. 또 이런 표현도 있다. '시소'를 설명할 때 누군가가 주저앉아야 내가 올라가는 아픈 현실까지 가르쳐준다는 것이라고 썼다. 시소 타기가 마냥 신나고 즐거운 것이 아닌 놀이기구인 것이다. 아이들이 철이 들기도 전에 현실과 미래를 살아내기 위해서 아주 어릴 때부터 반드시 한쪽을 지그시 누를 때 내가 높은 곳으로 올라갈 수 있다는 냉정함을 어른이 되어 겨우 깨닫게 하는 능청에 놀랍다.

　사람 사전에서 유쾌한 풀이를 한 단어도 많다. 그 중에 '악어'에 대한 사전적 풀이가 아니라(사납고 이빨이 날카로운 동물) 사람 사전에서는 참 유쾌하게 표현했다. 나쁜 말은 모두 악어, 칭찬하는 말은 복어(악어의 제1반대말) 부드러운 말은 연어(악어의 제2반대말) 상쾌한 말은 청어(악어의 제3반대말)라고 익살을 떨었다. 유치할 수도 있지만 사람과 사람 사이에 주고받는 말에 대한 경고이고 또 충고인 것이다. 참 재미

있다. 유치원은 유치를 졸업하면 눈치에 입학해야 하니까 유치원 졸업은 모든 졸업보다 조금 더 슬프다고. 육교인줄 알았는데 교육이다 등. 재치를 보였다. 명칭 하나하나에 사람관계를 심각하지 않게 살피면 재치가 보이고 또 웃음도 숨어있다는 것을 배웠다.

사람 사전을 읽으면서 왜라는 물음이 없다면 참 재미가 없다. 왜라는 물음은 던지면서 한 낱말 한 낱말을 알아가는 것이 사람 사전과 만물 사전과의 차별이다. 사람에게만 있는 웃음, 동물에게 없는 DNA라고 하는 이유로 사람 사전에 등재된 모든 단어의 주체다. 주체인 사람에게는 언제나 반대의 적이 많다고 한다. 이순신은 12척의 배로 적인 일본과 싸웠지만 우리에겐 12척이 있다고 했다. 냉소적, 권위적, 이기적, 방관적, 비관적, 배타적, 수동적, 습관적, 지엽적, 주관적, 편파적, 뭉그적이다. 숨막히고 재미없는 적을 곁에 두지도 싸우지도 않는 사람은 성인(성자의 반열)밖에 없을 것이다. 대개는 보통 사람이기 때문에 12척에 대한 심한 스트레스를 받지 않거나 모르는 체 사는데 사람 사전에는 꼭 꼬집는다. 내 모습이다.

참새가 짹짹거리는 것은 옳지 않다고! 다리 둘에 날개 둘은 지닌 참새가 할말은 아니다. 허수아비는 다리 하나로 가을을 버틴다. 얼마나 낭만적인 지적이 아닌가 싶다. 이런 것을 두고 불평등이라고 하는 것이지 사람들이 서로의 이익과 명예와 권력 그리고 기회를 가지고 불평하는 것은 옳지 않다고. 누구나 쉽게 또는 상식적으로 하는 말들에 그냥 스쳐지나가는 것이 우리의 습관이다. 그래서 모른다. 느끼지도 않는다. 누구나 다 하는 말이고 생각이라고 여기기 때문인데 사람 사전에 툭툭 던지듯이 설명되는 낱말의 설명이 강하게 찌르는 듯 한다. 내 묘비에 이렇게 적히지 않으려면 '회사를 다닌 사람'을 빨리 회수하라고 지적했다. 대한민국의 평범한 아버지의 직장은 회사다. 아이들은 회사를 아주 자랑스럽게 여긴다. 하지만 아버지들에게 회사는 여유도 여가도 여행도 낭만도 모험도 없는 곳이 아닌가? 잘 사는 것보다는 나답게 하는 것을 위해서 사람 사전 같은 책에서 삶을 주관적으로 살아야만 좋다고 애를 쓴 것이다. 생각의 발상이 곧 지혜이고 힘이라고.

미치쓰나 어머니의 '청령일기'를 읽고 (청령: 하루살이)

　남자는 단순하다. 반면에 여자는 참 복잡한 존재임을 깨달았다. 여자가 남자에 대한 사랑이 미묘하거나 묘한 것이 아니라 그저 복잡하다는 것이다. 생각에 생각이 이어지고 연상작용마저 기가 막히게 되면서 사랑이 그만 집착이 되는 것이다. '청령'이라는 뜻이 하루살이듯이 여자는 스스로 자신을 아주 보잘 것 없는 존재처럼 여기는 심리의 드러나지 않는 마음은 남자에 의해서 일생이 너무 가볍게 되는 것이다.
　헤이안 시대의 결혼제도는 일부다처제이다. 그래서 남자는 말 그대로 꽃을 찾아다니는 벌처럼 날아다니면서 열매를 맺는다. 그런 결혼제도가 유지될 수 있는 중요한 요소는 정처다. 정식으로 인정되는 처를 말하는데 두 번 세 번 또는 두 사람 세 사람으로 정처를 바꿀 수 없다고 한다.
　책의 작가가 남자의 사랑을 얻어 결혼을 할 때는 이미 남자는 아들을 둔 여자가 있었다. 책의 작가도 남자와 결혼을 한 후에 아들을 얻어 남자의 정처가 되는 기대를 했었다. 하지만 정처는 먼저 아들을 둔 여자인 '도키히메'가 되었다. 조강지처까지는 아니라도 결국 조강지처를 버리지 않는다는 것이다. 그런 사실 때문에 미치쓰나(작가의 아들)의 어머니는 가련하게 자신의 처지에 불안과 두려움을 느껴 스스로를 몰아간 것이다. 책을 읽는 내내 너무 답답해서 우울할 지경이었다. 여자의 일생이란 결국 남자에 의해서 운명지어진다는 헤이안 시대의 사회관념과 제도 하에 남녀의 수평적 관계는 요원한 꿈이다. 표면적으로 드러난 일부다처제 제도가 그렇지만 헤이안 시대에는 데릴사위제처럼 남자가 여자의 가족에게 결혼을 허락받는 제도도 있어 결코 여자의 위상이 낮지는 않았다. 친정부모로부터 유산을 물려받을 수도 있었고 자식의 양육권도 여자에게 있었기 때문이다.

남자는 본능적으로 날아다니는 벌이다. 거의 모든 여성이 제도에 대한 반발이나 투쟁을 엄두도 낼 수 없었던 현실이었는데 미치쓰나의 어머니는 홀로 외로운 반발을 했다. 그 반발이 싫지 않은 가네이에는 밋밋한 여인보다 발끈거리는 여인을 좋아했던 것 같다. 한 개인이 사사롭게 쓴 일기지만 헤이안 시대의 풍습과 생활상이 자세히 그려져 있다. 특히 그 당시에는 7-9월에 걸쳐 비가 참 많이 왔다는 사실과 방위에 의해서 집을 나서거나 말거나 했던 것이다. 태음에 밑받침을 둔 방위의식과 길흉을 따지고 삼가는 행위와 절대자와 자연에 대한 경이 등이 고스란히 표현되었다. 미치쓰나 어머니인 작가가 사랑이 식어가는 남편에게 매달리는 모습은 안타까움을 넘어 참 남루하게 보였다. 물론 그 당시의 결혼제도는 여자는 남자에게 종속되어 의존했다.

사실 헤이안 시대는 모계 중심의 사회였지만 말이다. 바깥 출입이 쉽지 않았고 어떤 경제활동도 할 수 없는 여성에게는 남자의 사랑은 곧 삶의 유지 이유였다. 기다리다 지치고 불안해하고 짜증내고 투기에 가까운 질투심을 내는 것이 결국 사랑을 잃게 한다는 사실을 알아차리지 못한다. 남자에게는 여자의 사랑은 본능적이므로 마음이 떠나면 금새 새로운 사랑이 나타나거나 꽃이 활짝 핀 채 벌을 유혹하는 것이다.

미치쓰나 어머니가 깊은 산속 절간에서 불공을 드리는 것은 가네이에의 사랑이 떠나지 않게 함이었다. 부처님의 가르침인 무상과 무아를 제대로 깨달았으면 그 존재의 가벼움은 결코 없었을텐데 말이다.

본심에는 없는 죽어버리겠다는 생각이나 허무, 허망함과 같은 말을 떠올리는 미치쓰나 어머니의 모습은 헤이안 시대의 고통받고 불행했던 수많은 여인의 모습이었던 것이다. 남자는 결국 종족을 번창시키는 것에서 존재의 의미를 크게 둔다. 많은 여자를 거두고 받아들일 수 있지만 결국 자신의 아이를 쑥쑥 낳아주는 여자가 마누라가 되는 것이다. 창 밖에서 하루살이처럼 서성거리다 스스로를 가벼움으로 떨어지게 하는 것은 여자 의지의 문제보다는 제도와 풍속 때문이다. 꽃에 벌이 날아들지 않으면 열매 맺기를 포기한 것이다. 그러므로 이내 지고 마는 것이 꽃다운 노릇이다.

"여자가 태양과 같은 존재인 남성과 평등했다는 일본 원시 사회에서 (고대국가) 헤이안 시대(8세기)가 되면서 남녀 차이가 생기며 실제로 (율령제도로) 남존여비적 사고가 조장되었다."는 헤이안 시대를 설명하는 한 문장이다. 청령일기는 일본 최초의 여성주의의 보고로 읽히기 시작했다. 하지만 사회적 논쟁거리(결혼제도, 남녀불평등)는 없고 아주 이기적인 자기중심적인 사고를 한 여인의 신변잡기적 이야기들, 남편의 여자에 대한 질투, 사랑이 식어버린 남편에 대한 원망을 기록한 개인의 일기일 뿐이다. 여성의 권리주장과 불합리한 결혼제도에 의해 받은 여자의 고통에 대한 비난이나 개선책에 대한 표현, 방법이 전혀 없다. 때문에 참 갑갑하다는 생각이 들었다. 남편에 대해서 솔직하지 못한 감정표현과 속내, 사랑을 표현해내지 못하는 소극적이고 고집스러운 자기애를 표현한 신변잡기에 불과했다는 느낌도 강했다. 시대의 희생양으로서 불평등에 맞서 싸웠다면 청령일기는 세계의 여성해방에 기념비적인 작품이 되었을 것이다. 베개머리 서사는 궁중 여방들의 생활과 관습을 알려준 역사성이 있는데, 청령일기는 제목처럼 쉽게 잊혀지는 하루살이의 모습이다. 일기는 그 시대를 살았던 한 개인의 소박한 일상 기록이지만 한 시대의 역사를 가장 솔직하게 드러낸 기록물이기도 하다. 하지만 청령일기의 지나친 신변잡기는 조금은 아쉽다.

테오도르 준 박의 '참선'을 읽고

참 대단한 이야기이다. 하버드 대학을 갓 졸업하고 뉴욕 대학원 심리학과에 입학을 앞둔 22살의 청년에게 '나는 누구인가? 인간이란 존재의 본질은 무엇인가? 산다는 것이 무엇인가? 이 세상에는 왜 고통과 악이 존재할까? 내가 죽으면 나는 어떻게 될까?'에 대한 답이 절실했다.

미국이라는 자유와 기회의 땅에서 그 해답을 얻지 못했다. 반바지에 양말을 신지 않고 귀걸이를 하고 껌까지 씹으면서 사람을 대했던 불량한 버릇을 송담 스님 앞에서도 전혀 부끄러움, 잘못됨을 느끼지 못했던 예의없는 청년의 그 고민이 결국 종교에 귀의케 했다. 한국계(부모가 한국인으로 미국에 이민간 후의 세대) 미국인인 그는 아주 똑똑하고 영리한 청년으로 보편적으로 볼 때 출세가 보장된 상황이었지만, 근본적인 문제를 갈망하고 있었다. 자신의 정신적 방황을 해결해야만 문제가 해결된다는 것을 아는 대단한 청년이었다. 문화와 환경이 한국과 많이 다른 미국에서 누릴 수 있는 혜택은 많지만, 어려서부터 그의 마음속에서 불쑥 나타나는 문제는 항상 존재했다. 성장하면서 한 인간으로서 어떻게 살아야만 하는가, 내가 누구인가를 정확하게 알 수 없었고, 그 답을 불교를 통해서 얻고자 송담 스님을 찾아갔다. 그런데 송담 스님은 일반 불자들과는 달랐다. 대부분의 불자들은 나름 불교를 안다고 자부하며, 스님의 법문과 경전을 통해서 부처님의 가르침을 배우고 그 모습을 본받고 따라하려고 노력한다. 그래서 '국자는 천 년을 국을 퍼날라도 국 맛을 모른다.'는 말처럼 불자들은 그렇게 국을 퍼날라도 국 맛이 어떤지 전혀 모른다. 그 모름 자체를 인식하지 못하는 것이 불자들의 민낯이다. 그 민낯에서 겨우 명암과 색깔을 알아차린 불자들은 참선을 하게 된다. 어린 아이의 걸음마 과정을 아주 오래 동안 거친 후 참선을 하게 되지만 참선의 맛은 못 느낀다. 아주 막연히 선승의 깨달음에 대한 신바람에 현혹되어서 흉내내는 정도이다. 깨달음이라는 답을 찾아 애를 쓰는 동안 자신이 참선의 참 뜻을 알지 못했다는 것만 알아차린다.

송담 스님 밑에서 승려 생활을 거의 30년을 하면서 오직 참선과 수행을 한 저자의 답은 참선을 통해 다시 자신의 길로 돌아가는 길 뿐이라는 것이다. 그가 말하는 참선의 정의는 종교적이라기보다 삶의 모습 그 자체를 표현한 것이다. 그 밖에도 '참선은 인간정신을 일깨우는 길이다.'는 그의 말은 참선이 삶을 살아가는 방법이라는 것이다. '참선은 인간 의식의 혁명이다.', '참선은 우리 인간의 마음속에 있는 가장 해로운 독소를 제거하는 작업이다.'는 말들이 인상 적이었다. 우리가 참선을 통해서 오해하는 것은 참선을 통해서 반드시 깨달음을 얻는다는 잘못된 생각이다. 이것은 깨달음에 대한 잘못된 이해인 것 같다. 우리는 참선을 하면 증명할 수 없는 것들을 반드시 느끼거나 보아야 하는 줄만 안다. 증명할 수 없는 그 무엇이 우리의 일상생활을 변화시키고 작용을 해서 초월해버리는 것이 아니다. 태어나는 순간 생노병사의 문제에서 언제나 고통과 괴로움이 수반되고, 궁극적으로 우리는 그 고통과 괴로움에서 벗어나기 위해 노력해야만 한다. 참선 수련이 몸에 배여 익어서 일상에 적용할 수 있다면, 괴로움과 고통에 대처할 대응체가 된다. 그래서 참선을 잘 하기 위해서는 오직 자신을 믿을 수밖에 없다고 저자는 말한다. 참선 수행에서 믿는 것은 오로지 각자의 노력 의지뿐이다. 저자가 참선을 한 이유는 이렇다. 참선 수행을 하지 않으면 스스로에 대해 아는 것은 육체뿐이다. 그 육체와 자신을 동일시하지 않고, 육체를 상실할 것 같다는 생각이 들면, 모든 것을 잃고 얻는 것이 없는 것처럼 느낀다. 이것이 바로 참선을 하는 이유라고 말한다. 인생의 의미는 무엇인가? 인생의 목적은 무엇인가? 나는 누구인가? 도대체 인생에 어떤 가치가 있는가? 오직 스스로 믿고 노력하여 나는 누구인가(이뭣고)를 바로 알면 생사 속에서 영원히 사는 길에 이를 수 있다는 송담 스님의 가르침을 알게 된다고 저자는 말한다.

'톨스토이가 번역한 노자 도덕경'을 읽고

　서양의 대문호가 동양의 철학책을 번역했다는 것에 무척 끌렸다. 철학이 다르고 사유하는 방법이 다르나, 인간 공통의 덕목인 도(道)에 대한 관심을 갖는다는 것은 별로 이상하지 않다. 문화가 너무 다르고, 습성과 사유의 방법이 다르지만, 인간의 삶을 고민하고 더 나은 삶을 살아가기 위해 규칙과 도덕의 문제를 깊이 고뇌한 것은 동양과 다르지 않다. 그 다르지 않음에 대한 이해와 해석이 무척 궁금했다. 대문호인 톨스토이의 글솜씨는 시대를 초월한다. 그런 대문호가 노자의 도덕경이란 뜻글자로 쓰여진 문장을 어떻게 이해했을까. 그 이해를 어떻게 표현했을까 하는 기대를 하며 책장을 넘겼다. 그러나 톨스토이는 도덕경을 그야말로 의역으로 풀어놓았다. 한자 원문이 없으면 '이게 무슨 말이지?'라 할 정도로 글에 덧붙임이 너무 많았다. 직역일 때 한자를 제대로 이해하지 못하면 너무 고리타분하고 딱딱하며, 말장난같이 느껴질 수 있다. "~하지 아니할 수 없다"와 같은 말처럼 말이다.

　톨스토이라는 대작가가 도덕경이라는 소설을 썼다고 할 수 있다. 하지만 도덕경은 그냥 술술 읽으면서 책장을 넘길 수 없는 책이다. 한 글자 앞에서 멈추어 생각하고 고민하면서, 한 문장을 이해하는 동안 노자가 무엇을 말하려고 했는지 알아야 한다. 그렇게 따박따박 읽고 생각하면서 노자가 살았던 시대의 환경까지 이해할 때 비로소 지금 우리가 살고 있는 시대에 어떻게 적용할 수 있는지 느끼게 된다. 이것이 내가 기존에 알던 도덕경에 대한 독서자세이다. 그런데 톨스토이가 번역한 내용을 읽으면 자꾸 러시아의 나폴레옹 전쟁이 생각나지만, 인간의 무자비함과 탐욕에 대한 깊은 성찰은 보이지 않았다. 톨스토이가 번역한 내용 옆에 원문과 직역이 있었기 때문에, 의미 전달이 분명하지 않거나 너무 수식이 많다고 느껴졌을 때 머리를 식히며 이해할 수는 있었다. 이처럼 한자 문화권의 고전 문헌들은 직역이 오히려 읽기 쉽고 이해가 수월한 것 같다. 서양 사람들의 수사 능력을 동양 사람들은 흉내낼 수 없다. 그들은 어릴 때부터 학교 교육에서 제대로 배우기 때문에 사물의 표현과 철학의 표현이 아름다울 수 밖에 없다. 동양 사람들의 머릿속에 점령된 것들은 그리 아름답지 않고 견고할 따름이다. 예를 들어 제73장을 보자.

  톨스토이는 "강하고 대담한 자는 사람을 죽인다. 강하지만 대담하지 않는 자는 살린다. 이 둘은 유용하거나 유해하다. 왜 하늘이 하나만 사랑하고 다른 것은 사랑하지 않는지 아무도 모른다." 원문은 이렇다. "과감히 하는데 용감하면 죽을 것이고, 과감히 하지 않는데 용감하면 살 것이다. 이 두 가지는 어떤 것은 이롭고 어떤 것은 해로우나, 하늘이 싫어하는 이유를 누가 알겠는가?" 마치 꽃을 두고 시를 쓴 김춘수와 서정주의 표현같다. 낱말 가운데 신, 은총, 인간애 같은 것 말이다. 노자에게 '자연'이라는 말과 '무위'가 있어서 도덕경을 읽게 한다. 이렇게 83장까지 읽는 동안 감탄을 금할 수 없었지만, 그래도 원본을 틀에서 꺼낸 것 같은 직역이 더 좋은 것 같다. '부활'이나 '전쟁과 평화'를 읽을 때처럼 몰입이 안 되는 이유가 있다.

김훈의 '개'(내 가난한 발바닥의 기록)를 읽고

　세상에는 사납고 무례하고 힘센 것과 달려가서 쫓아버려야 할 것들이 우글거리고 있었다.(작가의 말) 이것이 개의 눈에 보이는 개들의 세상만일까 싶다. 우리 인간의 세상도 전혀 다를 바 없다. 세상을 살아가는 것은 고통이다. 오죽했으면 부처님같은 성인이 사바세계는 고통과 고난의 바다라고 했을까 싶다. 그러나 고통스러운 삶에는 슬프고 힘들고 역겨운 것만 있는 것은 아니다. 눈부시게 아름다운 것들이 양념처럼 삶에 얹혀 있다. 그래서 인간들은 끊임없이 살아가는 것이다. 풀이나 나무처럼 저절로 세상에 생겨난 개체들이 볼 때 인간들은 인간의 아름다움을 잘 모른다고 여길 것이다.
　개들이 살아가는 세상이나 인간이 살아가는 세상은 쉽지 않다. 태어났기 때문에 살아갈 수 밖에 없는 삶은 치열하고 고통스럽다. 한 끼의 밥을 얻기 위해서 또 내 종족을 번식시키기 위해서 암컷을 차지하기 위해서 치열하게 상대방을 깨물고 물어뜯는다. 그래야 암컷을 차지하고 새끼를 낳을 수 있다. 개들에게 새끼의 존재는 무의미하다. 어미가 여러 새끼를 낳으면, 그 새끼들은 어미의 젖을 빨면서 세상의 원리를 터득해야 한다. 인간은 자신의 아이를 오롯이 젖 먹여서 반듯하게 세상에 내놓아도 세상이 만만하지 않다고 불평을 해댄다. 그런 것을 보는 이 책의 주인공 개 보리(개의 이름)의 눈에는 언제나 현재가 중요할 뿐이다. 보리의 형제들이 겨우 눈을 뜨고 세상을 살펴볼 겨를도 없이 보리의 주인집은 댐 공사로 수몰되자 흩어지게 된다. 어미는 개장수에게 팔려가고 네 마리 형제 가운데 두 마리는 공사장 인부들이 데려갔고 막내는 어미를 따라 개장수에게 덤으로 갔다. 보리는 외톨이가 되었지만 주인집 둘째 아들이 새 주인이 되어, 서해안 바닷가 마을로 간다. 이렇게 엄마, 형제들과 헤어져 생사를 알 수 없는 개에게는 현재만 중요할 뿐이다. 그래서 주인이 바뀌어도 지금의 주인이 영원한 주인이다.

　인간과 개의 차이라면, 사람은 지나간 슬픔을 오래 가슴에 묻어두고 슬퍼하지만 개들은 오히려 닥쳐오는 기쁨을 기뻐하지 지나간 슬픔을 슬퍼하지 않는다.(작가의 말이다) 그렇다면 아프고 고통스러운 세상을 살아가는 사람들보다 개들이 훨씬 삶에 대한 관조가 분명하고 정확하다. 아무리 힘든 삶이라도 이왕 태어났다면 살아가는 것이 포기하는 것보다 훨씬 값지고 아름답다. 이것은 조상들이 자손들에게 몸소 가르쳐준 교훈이자 경험이다. 보리의 한 평생은 강력함만 있을 뿐, 구질구질함과 쩨쩨함과 무례란 것이 없다.

　미국의 흑인 인권 운동가이자 목사인 마틴 루터 킹이 도시마다 통정한 미인이 40여명이 넘는다는 고발문을, 킹의 전기를 쓴 작가이자 역사학자인 하비 와인스타인이 밝혔다. 킹 목사를 흠모했던 저자가 FBI의 도청을 고발하려는 과정에서 밝혀진 사실이다. 참 어이없고 한심한 노릇이 아닐 수 없다. 보리는 이와 다르다. 보리는 흰순이를 보고 한눈에 반했지만 절대로 덤벼들거나 완력으로 흰순이를 탐하지 않는다. 그야말로 끝까지 존중하는 자세로 흰순이를 떠나보낸다. 이렇게 눈치가 빠른 보리를 사람들은 눈치가 없는 녀석이라 여긴다. 사람들은 절대로 개의 마음으로 개의 일을 판단하지 못한다. 그 말인즉 사람들은 사람들 사이에서 남의 눈치를 절대 보지 않고 제멋대로 구는 족속이 많다는 말도 될 것이다. 자기가 잘났다고 거들먹거리면서 대접을 받거나 받으려고 하는데, 보리는 그런 '개수작'을 보고 사람들이 참 눈치가 없고 모자란다고 흉을 본다.

 작가가 그랬듯이 '지나가는 개가 웃을 일이다'라는 속담이 현실에서 얼마나 비일비재한지 알아야 한다. 세상에 만만한 것은 없다. 삶을 제멋대로 살아가는 것이 더 고통스럽고 꿈에서 멀어져가는 슬픈 현실이다. 행복과 기쁨은 언제나 그 댓가를 치루어야만 가질 수 있는 즐거움이다.

 힘든 이별과 같은 고통이 아무리 지독해도 개들에게는 앞으로 닥쳐올 추위나 배고픔에 비해 근심거리가 되지 못한다. 개들에게는 기쁨과 꿈을 축적하기 위해 치르는 그 댓가가 바로 발바닥의 새까만 굳은 살인것이다. 고단한 이 세상을 묵묵히 견뎌내는 것은 저 혼자만의 부딪힘인 것이다.

나쓰메 소세키의 '마음'을 읽고

고요한 소설이다. 요동치는 격정도 암투도 없다. 격렬한 다툼, 스릴, 살인, 전쟁, 우울한 공포심, 불안 등이 없는 소설이다. 마치 한편의 영화를 보는 듯 읽었다. 하나하나 행동과 심리를 눈으로 보고 있는 듯 착각을 일으킬 지경이다. 또 표현과 글의 쓰임이 너무나 아름답고 평온했다.

물론 소설의 주인공 '나'는 우유부단하고 내성적이고 속마음을 잘 표현하지 못하는 불안한 성격을 가졌다. 하지만 그 모습을 글로 나타낸 것이 오히려 실제로 장면을 보는 것 같은 착각을 일으킬 지경이다. 19세기 일본의 사회 모습과 일상생활, 문화 등을 자세히 알아차릴 수 있다.

'나'는 생활하고 행동하는 인간의 양심과 욕망을 적나라하게 보여준다. 그러나 소설은 욕망을 성사시키기 위해 친구를 죽음에 이르게 하는 과정을 독자가 벌벌 떨며 지켜보게 하지 않는다. 누구나 양심과 욕망 앞에서 양심을 지키기가 어렵다. 다 내주고 양보하는 것처럼 보여도 실제로는 욕망을 위해 의리를 내던지는 것이다. 책 제목이 '마음'이기 때문에 분명히 번뇌와 불안이 가득할 줄 알았는데 페이지를 넘기면서 표면적으로 나타난 번뇌와 갈등은 없다. 다만 마음의 미세한 변화가 얼마나 치명적인지 보여준다.

　주인공은 하숙집 딸 '아가씨'를 두고 친구 K와 경쟁하듯이 사랑을 꿈꾼다. 대처승의 아들이기도 한 친구 K의 마음속에는 '속임수'라는 삶의 고뇌가 늘 도사리고 있다. 부모나 양부모, 종파에 대한 번민과 갈등으로 인해 불안과 불만이 그의 마음속에 가득차있다. 주인공의 K에 대한 인간적인 마음은 진실했지만 '아가씨'를 두고 성립된 삼각관계가 생기자 주인공 '나'는 비굴할 만큼 초조해진다. 반면 K는 당당하다. 그 당당함은 진실한 사랑이었지만 용기를 얻지 못했다. '나'의 비겁한 용기와 고백을 알게 된 날 'K'는 스스로 죽음을 선택하고 말았다. '나'의 양심의 비극은 K의 자살에 이어 또 다른 자살로 이어졌다. 비록 소설이지만 단순한 듯 전개되는 흐름 속에 몰입되어 마치 실제의 사건을 겪는 슬픔을 체험했다. 말 그대로 '마음'이 마음을 알아가게 했다.

　인간적이라는 말과 마음의 상관관계가 삶에 어떻게 영향을 주는가? 그 영향이 평온하지 못하면 결국 불행해지는 사실을 작가가 독자들에게 일깨워주는 선물이다. 21세기의 작가들은 19세기의 소설을 쓸 수 없다. 삶의 양상이 크게 다르고 또 정서와 문화가 현저히 차이가 나기 때문이다. 인생에 미치는 영향력에 있어서 돈과 권력과 사랑의 신화는 구시대적 현상이다. 현대는 매시간 마다 변화가 일어나고 그 변화를 따라가야만 한다. 그래야만 미래가 있고 돈과 사랑이 역할을 한다.

　그러나 인간의 본래 마음의 양상은 크게 변하지 않는다. 순수함과 순진함은 때묻지 않음이다. 때묻지 않은 글을 읽을 때는 마음이 편안하다. 소설을 읽으며 한두번 감탄한 것이 아니다. 주인공이 선생님을 만나는 첫 장면부터 시작해서 선생님이 '나'에게 보내는 마지막 편지인 유서를 읽을 때까지 내 마음은 편안했다. 어쩌면 당연하다고 생각했다. 왜냐하면 '나'가 자주 말했던 인간의 덧없는 존재감에 대한 생각 때문이다. 사람을 만나고 알게 되고 겪게 되는 과정을 통해 일어나는 일들은 어찌할 도리가 없는 경우가 많다. 덧없음에 대한 냉철한 판단을 못한 K도 결국 자살을 했고 '나'의 선생님도 자살을 하고만 것이다. "인간을 사랑할 수 있는 사람, 사랑하지 않을 수 없는 사람, 그러면서도 자신의 품으로 들어오려는 사람을 손을 벌려 안아줄 수 없는 사람. 그가 바로 선생님이었다." 이 말은 선생님 한 사람의 모습이 아니었다.

5. 책 이야기

소크라테스, 붓다를 만나다
카라바조, 이중성의 살인미학
관촌수필
채식주의자
화두, 나를 부르는 소리
소로우의 야생화 일기
여행할 권리
몸의 일기
실비아 폴라스의 시전집
IQ84

해리슨 J 펨버튼의
'소크라테스, 붓다를 만나다'를 읽고

　책 제목에 끌렸다. 붓다, 소크라테스를 만나게 했다면 명쾌한 답이 나왔을까? 하는 의문을 품고 마지막 책장을 덮었다. 그냥 늘 궁금했다. 서양과 동양의 철학 차이는 무엇일까? 어떻게 표현했을까. 보통은 서양철학과 과학이 인류문화와 사상에 지대한 영향을 미쳤다고 인식하고 있으며 특히 과학의 발달에서는 토를 달지 않는다. 이것은 잘못일까? 이런 의문을 품는 것 자체가 진리에 대해서 확고한 인식과 확신이 없어서인지 잘 판단이 안 되었다. 내 종교가 불교라는 확신을 굳건히 다질 때가 서양철학과 종교의 진실에 믿음이 잘 생기지 않았을 때이다. 대중가요의 제목까지 나오는 테스 형(소크라테스)의 철학은 가장 평범한 사람들의 삶에 영향을 끼친다.
　동양철학은 왜 이렇게 힘들지? 왜 이렇게 살아야하지? 왜 이렇게 엉망진창으로 세상이 되어가지? 하면서 하소연하는 철학적인 고뇌가 한풀이처럼 쉽게 의미를 부여하는 것이 아닌 것 같다. 동양의 철학과 종교는 만만하게 달려들 수가 없다. 불교의 깨달음은 철학과 종교적 믿음이 동시에 적용되지 않으면 깨달음을 얻을 수 없다고 단호하게 말한다. 서양학자가 동양의 제자들을 가르치는 과정에서 한결 같이 입을 다물고 질문을 던지지 않는 것에 큰 충격을 받았다고 한다. 동양제자의 답이 참 걸작이다. 하늘같은 스승의 가르침에 토를 달거나 의문을 가지는 자체가 불경이기 때문이란다. 이런 것이 결국 서양과 동양의 근본적이 차이이다. 그러나 근본적으로 보면 서양의 합리적인 명료함을 끊임없이 추구하여 이성에 기반을 둔 선의지와, 동양 불교의 불성에 기반하는 자비가 있어야 깨달음에 이르는 것은 같지 않은 듯 하다. 사실 동서양의 목표와 방법이 다르기 때문에, 정신세계의 구축이 다를 수밖에 없다. 그런 차이에서 같은 점을 발견하여 이어가게 해야 한다. 서양학자가 결론을 지었다. 즉 자비와 선의지를 이어주는 것은 '궁금함'이다. 서양은 그리스 시대 소크라테스 때부터 지금까지 '궁금함'을 입에 달고 살아왔다. 그 궁금해하는 방법이 곧 철학이며, 나아가서 종교로까지 발전시켰다면 불교의 깨달음으로 연결이 될 것이다. 그러나 서양학자들은 '소크라테스, 데카르트 등을 거쳐 하이데거에 이르기까지, 그들의 철학 바탕에는 결국 우리 모두가 무지하게 태어났으므로 본성상 궁금해 할 수 밖에 없다고 인식하는 점이 있다'로 결론짓는다. 그러나 불교에서 부처님은 분명 살아있는 모든 생명체에서 불성(부처되는 종자)이 있기 때문에 반드시 깨달음을 얻으면 부처가 된다고 가르쳤다. 무지하게 태어난 것이 아니라 자신의 업에 의해서 그 본성의 투명함에 때가 끼인 것이라고 불자들은 인식하고 있다. 그래서 서양종교의 원죄와도 다른 것이다. 하느님이 태초부터 인간은 신과 다르게 죄를 짓고 태어나서 신을 통해 구원을 받을 수 있다고 했기 때문에, 인간의 본성상 무지하게 태어나 궁금해 한다고 사유하는 철학, 종교로 발전한 것 같다. 불교는 철학이자 종교라고 하지만, 최고의 신이 아닌 길을 보여주는 최고의 스승에게 그 초점을 맞추기 때문에 종교보다는 철학적이다. 서양학자가 책에서 그랬다. 소크라테스, 붓다가 만 난다면 근본적인 본성을 알아차리는 방법에서 서로 차이를 알았을 것 이라고. 소크라테스의 근본 본성은 이성이고 지성이지만, 붓다의 본 성은 자비이다.

'카라바조, 이중성의 살인미학'을 읽고

'카라바조의 종교화 속에 깃든 살인 미학은 16세기 가톨릭교의 반종교 개혁적인 시대정신'을 담고 있다고 한다. 하지만 카라바조의 종교화를 통해서 드러난 살인미학은 인간의 내면에 감추어진 추악함을 드러낸 것이다. 고통, 분노, 증오, 비겁함, 추악한 욕망을 너무나 사실적으로 그려냈다.

노동자, 창녀, 주정뱅이를 통해서 표현한 추악하고 사악한 모습의 이면에는 거룩한 아름다움이 있으며 그들의 나약함을 소외시키지 않고 오히려 성화의 주인공으로 사실적으로 묘사했다. 16세기 이전 당대의 유명한 화가들이 그려낸 성화는 웅장하고 기세등등하고 찬란하고 전혀 더러운 욕망이나 배신, 분노같은 인간적인 모습이 없다. 관객들이 성화를 보면 저절로 고개를 숙이고 허리를 낮추지만, 인간적인 사악함을 구제해줄 은총이 깃든 하나님의 대리인에 가까운 존재는 아니다. 그러나 카라바조가 그린 성인들은 모두가 우리 주변의 평범한 일상을 함께 할 수 있고, 사람들의 고통과 절망을 다 겪고 있는 이웃으로 다가온다. 때문에 쉽게 그림에 매료되고 또 인간은 어떻게 살아야 하며 죽어야 하는지에 대한 성찰을 하게 된다.

죽음은 우리에게 두려움으로 다가온다. 그러나 순교는 일반적인 죽음과 의미가 다르다. 순교란 '자신의 종교적 믿음을 지키기 위해 혹은 남을 살리기 위해 자신을 죽음으로 내몰았던 성자들의 죽음'이라고 한다. 그러한 위대한 죽음을 카라바조는 살인미학으로 표현한다. 어둠의 방식인 테네브리즘을 이용해서 인간의 악과 구원과 선을 표현한다. 그 시대를 살아간 평범한 사람들을 통해서 관람자들을 긴장시킨다. 배경이나 바탕은 온통 검은색으로 칠해놓고 그 가운데 살신성인한 주인공과 악을 하는 거칠고 힘겨운 존재들에게 한 줄기 구원의 빛을 그려놓음으로써 관객들을 위로한다. 찬란한 성화로 그려진 그림 속의 성자는 천사처럼 평온하고 태연해서 죽음의 의의가 참 대수롭지 않다는 생각을 들게 한다. 이것은 가까운 사람들의 죽음을 여러번 경험했던 나의 인생에 대한 질문에 답을 준 것 같았다. 참 강렬하여 마음을 크게 움직이게 하는 것이 카라바조의 그림들이다. 선을 행하는 자는 그런 행위를 할 때 따르는 고통을 숨기지 않고 드러낸다. 그리고 악을 행하는 자의 무자비함과 포악한 손목과 부릅뜬 눈을 통해서 충분히 고통받고 절망하고 있음을 느낄 수 있다. 그래서 선과 악을 행하는 사람들에게 하느님의 은총이 절실하게 다가온다.

  카라바조가 살았던 16세기는 가톨릭교에서 반종교개혁의 움직임이 일어나 교인들의 마음이 혼란스러웠던 시절이었다. 교황의 막강한 권력은 나라를 통치하는 권력자의 수준 이상이다. 순수한 믿음으로 종교를 갖고 살아가기에는 로마는 혼란스럽고 혼탁했다. 그런 로마 사람들에게 신화에 나오는 신들은 위안도 구원이 될 수 없었다. 이미 상상 속에서 그려진 인물을 식상할 정도로 교회 천정이나 벽화로 장식한 종교화는 로마인들의 고통을 치유해줄 수 없었다. 그 때 강렬한 태양처럼 나타난 천재 화가가 카라바조였다. 카라바조의 눈, 귀, 손은 평범한 사람들을 통해서 보고 듣고 그려낸 것이다. 그 평범함을 통해서 일상이 치유되고 구제받을 수 있음을 카라바조는 알고 있었다.

특정 종교의 종교화를 볼 때 종교적인 진리와 가르침, 역사를 모르면 이해하기가 참 불편하다. 그저 그림일 뿐이다. 화가가 말하려고 하는 사실을 잘 알아차리기 힘들다. 그러나 카라바조의 그림은 전혀 다르다. 보는 순간 의미가 무섭게 전달된다. 인간에게 왜 종교가 필요하고, 교리가 왜 이렇게 되어야 하는지에 대한 의문이 풀린다. 가장 본질적인 문제인 죽음에 대한 두려운 성찰을 유도한다. 어떻게 살아야만 본인이 의도하지 않는 죽음을 면하게 되는지, 끔찍한 죽음, 예를 들어 목이 잘리거나 태형을 맞는 등에 대한 답을 얻을 수 있다. 책이나 영화나 거룩한 사람들의 입을 통해서 일회적인 삶을 '어떻게 살아야 할까'에 대한 답을 얻고 위로받을 수도 있다. 그림을 통해서 이렇게 깊이 삶에 대한 성찰을 이끌어 갈 수 있구나 싶었다. 한 개인의 삶을 통해서 모든 사람의 삶의 의미와 방향에도 영향을 줄 수 있다.

카라바조라는 천재 화가의 39년의 짧은 삶은 불행했다. 끊임없는 불안과 불만족, 욕망과 감정의 격한 노도 속에서 자신의 정체성을 찾기 위해서 불같이 살아갔다. 자신이 그린 그림으로 많은 사람들에게 깊은 감동과 의미와 두려움을 주었지만, 진작 본인에게 위안이 된 사람은 없었던 것 같다. 모처럼 카라바조를 통해 삶의 의미를 되새겨본 것 같다. 게으른 일상에 죽음이라는 화두가 찾아왔다. 죽음은 인간 본연의 실체를 알아가는 접근이다. 책에서 그랬다. 카라바조는 죽음을 종교적으로 미화하는 화가가 아니었다고 한다. 맞는 말이다.

이문구의 '관촌수필'을 읽고

　타임머신을 타고 태를 묻은 곳으로 갔다. 그곳에서 만난 대복이, 옹점이, 석공 복산이 등이 내 살과 뼈를 살찌운 유년의 뜰이었음을 여실하게 또 아련하게 떠오르게 했다. 주인공 성구(나중에는 필구) 뿐만 아니라 '고향'은 세상이 어떻게 변해가고 그 변화가 한 인간에게 어떤 영향을 미쳤으며 또 새로운 것에 대한 집착에 가까운 갈망이 오히려 많은 것을 잃어버렸음을 일깨우는 단어다. 작가의 눈을 통해서 본 관촌 마을의 변화는 역사적인 사실이며 지금의 대한민국이 만들어진 과정 속에서 인간들의 가증스러운 탐욕으로 인한 전쟁의 참혹함과 상실감을 통해서 인생의 덧없음을 말해준다. '무릇 전쟁의 가증스러움, 목숨의 허무함, 인생의 무상함, 생활이라는 것의 속절없음, 세월의 덧없음을 조금씩 깨치기를 비롯하고 알면서 살고 쉬운 말로 느낌을 가져온 계기이기도 하다.' 성구의 독백이다. 주인공 성구에게는 누나같고 엄마 같은 옹점이가 있다. 그녀는 전쟁터에 나간 남편이 죽자 약장사를 따라다니며 노래 부르는 딴따라가 되었다. 나쁜 짓도 잘하지만 늘 주인공의 편에서 친구처럼 굴었던 대복이도 미군을 쫓아다니면서 도둑질을 하고 석공 복산이 역시 군인들에게 끌려 다니면서 결국 병을 얻어 죽게되는 고통을 겪으면서 인생의 무상함을 느끼게 된다.

전쟁과 산업화는 성실하고 착한 사람들이 불행해지는 원인을 제공한다. 물론 변화로 인해서 늘 한 곳에서 정주하면 살아가는 것이 중요하지 않다는 것도 말이다. 할아버지와 부모님이 돌아가시자 도망치듯 서울로 이사를 간 성구의 기억 속에는 모든 것이 그스란히 남아있다. 세월은 지난 것을 알려주지도 말해주지도 않지만 한 개인의 기억 속에는 그대로 보존되어 있다. 그래서 때로는 그 기억의 파편 속에서 현재의 자신이 얼마만큼 새로워졌고 또 잃어버렸는지를 안다. 기억이 하는 역할은 무조건 지나간 것에 대한 향수, 애착을 가져다주는 것이라면 도태될 것이다.

농경 사회에서 산업 사회로 발전하면서 겪게 되는 상실과 새로움의 중간에서 개인이 왜 안 변했는가를 알아차리는 것이 관촌수필 속에서 풀어야 할 과제인 것이다. 왜 안 변했는가? 무엇이 생활의 환경일까? 인간관계일까? 처지일까? 아니면 조상대대로 물려받은 내력일까? 어쩌면 성구에게 있어서 안 변하는 것은 관촌 마을 즉 충청남도 대천읍 대천리 387번지의 본적을 둔 수복(조선시대의 묘, 사당, 능, 원, 서원 등의 청소하는 일을 맡아보던 구실아치)을 했던 할아버지에게 물려받은 대단한 자부심이 아닐까 싶다. 화암서원의 직원이었던 할아버지에게서 좌익운동을 한 아버지의 혈통 속에서 주인공이 뚜렷한 소신이나 능력이 없어도 새로운 변화 속에서 낡은 것에 대한 과감한 포기는 곧 왜 난 안 변했는가에 대한 단서가 될 것이다.

성구는 곧 내 자화상같다. 책을 읽어가는 순간순간 나의 유년 시절을 그대로 보는 것 같았다. 잘 만들어진 다큐를 보는 것같이 가슴이 아련하고 추억하고 싶었던 많은 기억들이 떠오를 때면 눈시울이 붉어지거나 가슴이 먹먹해졌다. 환갑이 지난 나는 너무도 많이 변했고 또 새로운 변화에 익숙해져있다고 여겼는데 확실하게 내게도 안 변하는 것이 있다. 그것은 교육을 많이 받았다고 부와 명예를 얻었다고 해서 저절로 변해지는 것이 아니다. 내 살과 뼈가 여물었던 그곳에 대한 추억이 어쩌면 살아있게 하는 이유이며 또 인생이 결코 이유없이 허무한 것이 아님을 알게한다. 삶의 덧없음은 곧 태어난 것은 반드시 죽어야만 하는 진리 때문인 것이다.

한강의 '채식주의자'를 읽고

 소설이 타인을 이해하는 방법이라는 것은 잘 아는 사실이다. 그것이 소설을 읽게 하는 이유이자 매력이다. 그래서일까. 난 소설을 즐겨 읽는다. 많은 타인을 만나고 그들의 생각을 읽고 이해하고 난 뒤에 내 삶을 반추시켜보는 것은 습관이 되었다. 채식주의자를 읽다가 스친 생각이 세상을 제대로 살아본 적이 있는가 하는 의문이다. 60 평생을 살아온 시점에서 뜬금없이 '살아본 적'이 없다는 느낌은 황당한 것이 아니라 비명을 지를 만큼 놀라운 것이다. 밥 잘 먹고 잠 잘 자고 배설하는 것은 기본이고 늘 집안에서 일어나는 소소한 일들은 하루도 어김없이 챙기고 기다리는 것이 일상이다. 그렇다. 여태까지 나라고 하는 것은 일상을 어김없이 잘 지속시키는 기계 같은 것이지 목적이나 방향, 이념, 종교, 예술, 열정, 삶과 죽음 등을 고민하고 사색하고 그것을 성취하기 위해서 도구가 되어본 적이 없었다. 그저 일상을 유지하는 것이 살아가는 것이라고 하는 착각은 충격이었다. 그 와중에 주인공 '영혜'는 계속 만나야할 타인으로 내 삶에 강렬하게 끼어들기 시작했다.
 소설을 읽으면서 이렇게 몰입되어 본 적도 드물다. 고기를 먹지 않는 영혜가 점점 정상적인 가족들로부터 격리되고 비난받는다. 영혜의 습성이 바뀌어 고기는 한 점도 입에 대지 못하고 채식주의자라고 자신을 우길 때마다 그녀의 가족은 영혜의 생각과 행위와 습성을 미친 짓으로 몰고 간 것이다. 영혜의 언니가 영혜의 텅 빈 눈을 들여다보면서 '미친거니?'라고 묻지만 여기서 우리는 현실이라는 감옥 속에서 서서히 정신을 잃고 미쳐간다는 것을 깨닫는다. 모든 사람이 남 모르게 겪는 고통과 불편을 영혜는 오래 전에 보통의 사람보다 빠른 속력으로 통과해 거기서 더 앞으로 나아간 것이다. 그러던 찰나 일상으로 이어지는 가느다란 끈을 놓아버린 걸까. 영혜 언니의 독백처럼 영혜는 단지 똑바로 미치기 위해서 채식주의자가 되어 고기 먹는 것을 거부한 것이다. 그녀의 어린 아이에 가까운 생각 속에는 비가시적인 현실을 드러낸 것이다. 영혜가 채식주의자가 아니라 고기를 먹지 않는 이유도 의외로 단순하다. 어린 시절 아버지의 잔인함 때문이다. 딸을 물었다는 이유로 비참하고 고통스럽게 죽음을 맞은 개에 대한 죄의식은 꿈의 기저에 분명히 자리하고 있다. 결혼 후에 함께 살게 된 남편도 결코 너그럽고 친절한 사람이 아니다. 잔인했다. 그녀를 이해하거나 알아주려고 하기보다 아내와는 전혀 다른 성품을 가진 처형을 보고 와서 아내를 겁탈하는 것은 영혜에 대한 열정이 아니며 영혜가 고기를 먹지 않는 이유를 더한 것이다.

 영혜는 자신을 변명하는 것으로 꿈을 들먹인다. 어쩌면 영혜가 꿈꾸는 것은 잔인한 열정과 현대인들의 식탐과 탐욕에 대한 거부가 아닌가 싶다. 우리가 지금보다 덜 풍요롭고 곤궁하게 살 때는 육식을 거부하는 채식주의자는 없었다. 더 먹고 더 가지는 것의 미덕은 더불어 공생할 수 있는 터전을 마련해주고 본능에 가까운 필연적인 음란함도 없었던 것 같다. 없어서 못 먹던 고기가 배척되어야 하고 채식주의자들의 빌미를 제공해줄 것을 어떻게 예견했는가 싶다. 육식으로 제공되는 동물의 살점이 인간과 같은 피와 살을 가진 공생관계에서 발생하는 먹이사슬의 희생이 아니라 공장에서 만들어지는 생필품처럼 대량으로 사육되고 살육되는 광기의 세상에서 영혜가 선택한 것이 채식주의자인 것이다.

누가 누구를 임의로 죽이는 것은 잘못된 죄악이다. 영혜를 처제라고 부르는 남자의 일탈은 비도덕적이라고 나무라기 전에 상대를 (누구나) 알아가는 과정에서 생기는 필연적으로 음란할 수밖에 없다는 (허윤진의 말) 것을 인정하면서도 그 남자의 사랑은 단순해서 너무 냉정하다. 영혜와 형부가 꽃의 넝쿨이 되어 엉켜들 때 영혜는 그것을 사랑이라고 받아들이기보다는 명료한 삶의 에너지이자 열정이라고 받아들였다. 그것이 영혜의 삶에 대한 순수한 광기이지만 모두는 그녀를 미친 자로 내몰 것이다. 소설은 타인을 이해하는 방법이다. 다른 사람의 문화와 습관을 이해하려고 노력하는 사람들이 많지 않기 때문에 채식주의자라는 소설이 탄생된 것이 아닐까 싶다. 이제라도 제대로 살아봐야겠다.

(이 글은 작가가 노벨문학상을 받기 훨씬 전에 쓴 감상문이다.)

박재현의 '화두, 나를 부르는 소리'를 읽고

 공안의 답은 없다고 분명하게 말했다. 나는 수년 동안 참선을 한다고 흉내를 내면서 답을 내겠다고 무척 용을 썼다. 조금은 낯설고 부끄러운 생각을 했었다. 너무도 잘 알려지고 소위 유명한 화두에는 나름의 답이 있는 줄 알았다. 이미 주어진 답처럼 보이고 느껴지는 것은 결코 나의 답이 될 수가 없음을 알았다. 누군가의 설명을 들을 때는 고개를 끄덕이며 알 것처럼 굴었지만 안 것이 아니라 전혀 모르는 것이다. '도대체', '왜'라는 물음을 끊임없이 하다가 장마철 터진 구름 사이로 파아란 하늘같은 지혜가 보이면 그제야 공부를 시작할 자세가 된다.
 예를 들어서 무아를 체득하면 곧 자비로워 진다는 사실 같은 것이다. 무아와 자비로 떼어놓고 보면 전혀 연관성이 없는 생뚱맞은 노릇이다. 그러나 '무아'를 깊이 관조해서 지혜가 생기면 곧 마음이 자비로워 질 수밖에 없는 정도를 체감하게 되면 비로소 불교를 알게 된다. 이렇게 화두를 읽을 줄 알면 참선수행은 자다가도 될 것이다. 내가 저지른 실수라면 화두 속에는 뭔가 숨겨진 뜻이 있는 줄 알고 뼈 속까지 후벼 파고들려고 했던 것이다. 그 상황을 제대로 보면 가장 좋은데 말이다. 마치 좋은 그림을 보는 것처럼 때론 재미나게 때론 이게 뭐지 하는 식으로 읽을 수 있으면 그나마 실수나 주눅들지 않을 것이다.

책에는 이런 구절이 있다. "진실로 이해하려는 사람은, 진리의 앎에 대해 확신하지 않고 그것에 집착하지 않는다. 그는 최종적인 앎은 끊임없이 유보한다. 세상은 무상하고 연기한다는 게 불교의 존재론이다. 그렇다면 인식도 무상하고 끊임없이 연기해야 그 존재론에 부합한 것이다. 그러니 기존에 알고 있던 것은 다음 순간 이미 무효가 되는 것이다." 공안의 답은 없다에 깊이 공감한다. 무척 위안이 된다. 주어진 화두(기존의 화두)에 대해서 해당될 수 있는 설명이다. 다리를 틀고 앉아서 화두를 열심히 듣고 있지만 결국은 앎으로 인한 해결책일 뿐이다. 이미 주어진 답에 대해서 얽매여 나의 통찰이 이루어지는 줄 알았다. 자꾸만 기존의 앎이 내게도 연속되는 줄 착각하는 동안은 결코 해결책이 없다. 답이 없다. 어쩌면 답을 내겠다고 쩔쩔매는 현상이 가엾기만 하다. (내 모습이)왜? 라는 물음만이 화두에 가까워 질 수 있고 또 읽는 진정한 자세라는 것을 거듭 느낀다. "화두를 넘겨짚지 않아야 비로소 화두에 놀아나지 않는다."참 옳은 말인데 그 올가미에 걸려서 헤어나질 못하는 것이 내 처지인 것을.

 이 책에는 번뜩이는 칼날 같은 재치와 유머와 지적으로 꽉 차있다. 결코 질리지 않는 것은 매의 눈 같은 철학으로 꼭꼭 짚어주면서 때리기 때문이다. 감질나게 하는 것이 아니라 마음을 다잡고 다시 시도해 보도록 한다. 사무치는 그리움 같은 장면에 대한 이해를 도와주는 질문이 곧 화두를 제대로 읽을 수 있게 하는 것이다. 남의 생각에 끌려 다니는 것이 아니라 비로소 내 생각을 할 수 있고 낼 수 있는 철학하는 자세를 일깨워 준다. 많은 사람들, 수행자나 수승한 사람들이 '화두'를 칼을 휘두르거나 보검인냥 젠 척했다. 그래서 우리같은 범부가 접근하는 데는 전혀 도움이 되지 않았던 것이다.

우리에게 큰 위안으로 다가온 것이 바로 화두, 나를 부르는 소리였다. 저자가 얼마나 꼼꼼하고 다정한지를 책을 읽어갈 수록 확신케 했다. 옛 조사들이 던졌던 화두 앞에서 당당 해야 된다고 거듭 체근하는 것은 그 속에는 거창하거나 기막힌 뜻이 숨겨져 있는 것이 아니라고 했다. 우리들의 쓸데없는 조바심이 결국 화두에게 짓눌린다는 것이다. 선가에서 뛰어난 선승들의 기이한 행동을 범부인 우리가 헤아리기에는 함정이 많다. 그것은 이해하는 것이 아니라 그저 그 행위를 있는 그대로 보아주면 된다. 단순하면 오히려 명쾌하고 명료해지는 진리가 화두를 읽어내는 요령이고 방법이라고 확신한다. 양무제가 달마의 입적 소식을 듣고 안타까움을 드러낸 시가 있다.

아,
보고 싶었지만 보지 못했고
만나고 싶었지만 만나지 못했고
혹여 마주칠까 싶었지만 그러지도 못했으니
예나 지금이나
원통하고 안타까울 따름이다.

'소로우의 야생화 일기'를 읽고

 매호천 변에도 봄이 완연하다. 매일 산책하는 매호천은 정화된 오수가 흘러가는 도심 한 가운데 하천이지만 물소리는 언제나 즐겁다. 수면 아래의 갈색의 돌과 지난 계절에 이미 죽어버린 수초들의 흔적들이 들판의 3월이 아님을 느끼게 한다. 그러나 반짝이는 햇살 아래로 크고 작은 공기 방울이 터질 때마다 작은 생명체가 나처럼 살고 있다는 것을 느낀다. 소로우의 책을 열심히 읽기 전에는 매호천은 단순히 단조롭고 지겨운 냄새나는 곳이었다. 그러나 관심을 가지는 순간 풍경이 달라지고 여태 보지 못했던 생명체들이 보이는 것이었다.
 지난 해 10월에는 바보같은 노동자가 시멘트 화단에 장미를 촘촘히 심을 때 저 장미가 내게 꽃을 보여줄까하는 의심을 했다. 콘크리트 벽에 기대선 장미는 그날 이후 내게 관심을 끌지 못했다. 매일 그 곳을 스쳐 지나갈 뿐 그들에게 봄이 오고 있음을 알아차리지 못했다. 소로우다운 애정과 관심을 가지는 순간 초경을 치룬 소녀의 유두같은 싹이 뾰족뾰족하게 살아난 것이다. 그 뿐이 아니다. 비스듬이 쌓아올린 돌축대 사이로 돗나물이 돋아나고 누런 검불 사이로 쑥과 씀바퀴, 보자기 나물과 원추리의 어린 싹들이 봄볕에 온몸을 내맡기고 있었다. 아무런 관심도 가지지 않았던 게으름과 무지로 인해 소중한 것을 놓칠

뻔 했다. 소로우는 내게 알려고 노력하지 않는 것을 깨닫게 해주었다. 사실 내가 알고 있는 식물들은 어릴 때 시골 마을에서 보았고 기억하는 것이 전부이기 때문에 이름을 모른다고 잡초라고 부르는 것이 훨씬 많다. 사람들의 생각이 얼마나 경직되고 고정되어 있는지를 소로우의 야생화 일기를 읽으며 알았다. 노력하는 마음가짐과 자세가 결국 어느 분야에서든지 이해심을 높이고 박식하게 한다. 아는 것만큼 세상이 다양하고 아름답고 자비롭다. 공장의 굴뚝이 높이 올라가는 곳에서 사는 사람들은 거칠고 투박하지만 그 반대의 삶을 살아가는 사람은 천성이 느리지만 애정이 넘치고 여유롭다고 소로우는 말했다. 그 말인 즉 사람들이 자연 속에 살면서 발견하고 알게되는 식물들, 꽃이나 풀 나비 벌을 통해서 자비로워지고 여유로워진다는 것이다. 세상에는 다 헤아릴 수 없을 만큼 사람들이 살고 죽지만 야생화도 그 못지 않다. 내가 관심을 가지는 순간 알아가며 즐겁고 행복해진다.

소로우는 매우 자비로운 성품을 가진 사람으로 온 세상의 생명체에 지극한 관심과 애정을 쏟았다. 너무나 호기심 강하고 또 자신의 생각에 대해서 어떤 망설임이나 의혹이 없었다. 소로우는 매일 다니는 길이나 담벼락, 절벽에 나름의 이름을 부여한다. 언제나 정물처럼 서 있는 건물이나 마당에 이름이 붙여지는 순간부터 의미가 생기고 남달라 진다는 것을 알게한다. 누군가가 이미 명명한 것이 매우 의미있고 대단한 것은 아니다. 내가 깊이 아끼고 애정을 가지면 그 존재는 오래오래 사람들 기억 속에 남게 되고 재수가 좋으면 역사로 남아서 자손만대로 그 이름으로 불려 지며 진실이 된다.

지독한 향기를 가진 식물도 소로우가 이름지어 불러주면서 사람들의 호기심을 자극한다. 내가 본 적이 없지만 '헤르바케아 청미래덩쿨'

에서는 벽틈새에 죽어있는 쥐와 똑같은 냄새가 난다고 한다. 그 구절을 읽을 때 지독한 냄새가 나는 꽃이구나 하는 생각보다 '어? 한번 봤으면 좋겠다'는 호기심이 생겼다. 그 외에도 매자나무는 달걀만 잔뜩 넣고 조미하지 않은 덜 익은 버터 푸딩처럼 역한 냄새가 난다고 짜증스럽게 표현했다. 하지만 수련은 순결하고 달콤한 향을 지닌 꽃으로, 또 세로티나 벚나무에서는 럼주 냄새가 난다고 했고, 부드럽고 향긋한 봄내음이 풍기는 버드나무 꽃차례를 말했다. 크게 웃게한 대목으로는 '옐리퍼리카노르발의 통발'은 천박한 노란색 챙모자를 쓴 행실나쁜 여성처럼 지저분하다'고 소로우가 분개를 한 대목이다. 아! 이래서 소로우는 결혼을 하지 못했구나 싶었다. 이렇게 이름도 모르고 알아주는 사람이 없는 꽃과 식물들에게 인격을 부여하고 사랑했던 소로우는 "자연은 생명이 살아가는 터전일 때만 아름답지, 다정하지 않는 이에게 자연은 아름답지 않다."고 일갈을 했다. 사색가답고 철학자답다. 소로우의 사색을 살펴보면 이런 구절도 있다. "온갖 아름답고 추함과 희노애락이 꽃에 드러난다. 모든 종류와 수준의 고매함과 불결함이 꽃 속에 존재한다. 자연은 무슨 목적으로 썩은 고기 냄새로 저지대를 채우는 꽃을 만들었을까? 세상에 아름다움과 미덕이 존재하는 만큼 그에 상응하는 추함과 악덕이 꽃으로 표현된다. 모든 인간은 자기 인격을 표현하는 꽃을 가지고 있다. 그 꽃은 아무것도 숨기지 못한다." 나는 어떤 꽃을 피우고 있을까? 시체 위에 꽃을 놓고 관에 넣기 때문에 장례식이 연상되어 사람들이 싫어하는 향을 풍기는 쑥국향이나 벽틈새에 죽은 쥐의 냄새가 나는 헤르바케아 청다래덩쿨이나 천박한 노란색 챙모자를 쓴 행실나쁜 여성처럼 지저분한 '옐리퍼리카노르발의 통발'만은 닮지 않았으면 좋겠다.

김연수의 '여행할 권리'를 읽고

　집나가면 개고생이라고 했던가? 현관문을 밀고 나서는 순간 예기치 못한 불행이나 불편한 일들이 일어날 수 있다. 그렇다고 되돌아 집안으로 들어서는 것이 더 큰 어리석음이라고 생각한다. 불편한만큼 새로운 경험과 함께 작가가 말했듯이 '내가 아닌 다른 존재가 되고자하는 욕망' 때문에 시간과 돈을 기꺼이 투자하는 것이다. 낯선 곳에 발을 딛는 순간 이전의 나라고 여긴 것들을 산산이 깨부수어도 좋다. '일탈'이라는 것은 내 속에 숨겨진 에너지가 살아나는 것이다. 물론 일탈을 잘못 판단하여 돌이킬 수 없는 실수를 의미하는 것은 아니다. 예를 들어서 평생 여름이 와도 민소매에 가슴의 골이 훤히 들여다보이게 파인 드레스를 입거나 굽이 높은 구두를 신거나 입술에 검붉은 립스틱을 칠하거나 발톱에 클레오파트라 바이올렛 매니큐어를 칠하는 것 정도이다.
　술집 테라스에서 맥주도 마시고 그곳 사람들과 어울려 삶의 규범과 문화를 알아가는 것이 여행에 대한 나의 로망이다. 다리에 힘이 있을 때 많이 떠나라고 나이든 선배들이 충고했다. 맞다. 다른 사람이나 일행에게 짐이 되듯이 기본 체력도 되지 못한다면 떠나지 말아야 한다. 이렇게 나는 아침에 눈을 뜨면 여태까지 가보지 못한 곳이나 내집 앞으로 펼쳐진 산 넘어에 누가 살고 있으며 그곳에 어떤 커피집이 있을까 아니면 어떤 사람들이 무엇을 하며 살고 있을까 궁금해한다. 운이 좋아서 집을 나서게 되면 행운이 되겠지만 대개는 씁쓸한 꿈이 되는 것이 일상이다. 그렇게 하루가 흘러서 주말이 가까워지면 다시 집을 나설 꿈을 꾼다. 손수 운전을 해서 집을 나서자 조수석에 누구를 앉혀서 어디로 갈까? 숲이 있는 곳으로 갈까? 꽃이 있는 곳으로 갈까? 바다가 있는 곳으로 갈까? 아니면 유년의 뜰이 있었던 곳으로 갈까? 그렇게 떠날 마음만 바쁘고 집밖을 나서지 못하는 것이 내가 꿈꾸는 여행이다.

태어난 사람은 언젠가 영원을 향해 여행을 떠난다. 그래서 우리는 그 영원한 여행을 위해서 자주 떠날 연습을 할 필요가 있다. '모든 것이 덧없는 것들만이 나를 사로잡았다. 영원히 스쳐갈 뿐이다.'라고 작가는 떠나야만 하는 이유를 소신껏 밝힌다. 그래서 우리는 여행을 할 이유를 가지면서 행복해질 수 있는 권리가 곧 여행할 권리라고 멋대로 정의한다. 옛 어머니들은 태어나서 한번도 나고 자란 곳을 벗어나지 못했다고 담담하게 이야기할 때마다 가슴이 갑갑했었다. 그 나서지 못하는 이유가 자의가 아니라 타의에 의한 것이기 때문이다. 그녀들의 인습의 굴레가 여행할 권리가 있는지조차도 인식하지 못하게 했고 오히려 떠나지 않는 것이 부덕인 것으로 여겼다. 이런 이야기들이 나를 집밖으로 나가고 싶어지게 한다. 아줌마들은 만나면 인사치레로 다음번에 꼭 놀러가자고(여행으로 확대해석)한다. 그러나 그 다음은 쉽게 오지 않고 또 실행되지 않는 말이다. 왜냐하면 여행에서 지켜야할 이유가 너무 많다. 잠은 편안하게 자야하고 또 밥은 해먹는 것이(손수) 좋고 차를 오래타면 안되고 이른 아침에 서두르는 것도 안되며 술과 같은 유흥도 삼가야 한다고 한다. 그런 이유는 아예 여행을 가지 않겠다는 속셈이다. 여행을 할 때는 우선 '나'를 내세우거나 인정받고자 하는 마음은 버려야 한다. 분명한 의사표현과 함께 내가 좋아하는 것을 기꺼이 포기하는 것이 미덕이 아니라 애써 찾아 즐기는 것이 여행을 잘하는 방법이다. 내게 있어서 가장 나쁘게 기억된 것은 수년 전 떠난 유럽 여행이다. 물 한 병 때문에 삐친 친구와 커피 많이 마신다고 타박하는 친구와 미트볼이 가득 담긴 스파게티를 먹는 내게 우울하게 빈정대는 유럽 여행은 악몽이었다. 그러나 시간이 흘러가고 보니 그것도 덧없는 일상을 잊게하는 여행의 추억이었다. 내 마음 속에서 그날의 추억을 스쳐가게 하는 순간 다시 여행을 떠날 생각을 하고 또 준비를 하는 것이다. 수차례 다녀온 일본 여행은 떠날 때마다 나의 정체성을 발견하게 된다. 나는 떠나야만 삶이 정지되지 않는다는 것을 깨닫기 때문이다. 살아가는 동안 항상 여행할 권리는 있다. 누구에게나.

다니엘 페낙의 '몸의 일기'를 읽고

나도 16살부터 일기를 써서 지금까지 일상이 되었다. 내밀한 이야기로 슬픔이나 불행, 행복, 격함, 괴로움 등과 같은 감정적이고 희망 결핍 내용이 전부다. 자신을 위한 오롯한 모습이라고 하기보다는 책망에 가깝다. 그래서 보편적인 감동이 없다. 나도 일찍이 몸의 일기처럼 이런 발상의 이야기를 썼다면 많은 남성에게 알려지지 않는 여자의 몸의 성장과 미묘한 감정이 미치는 몸의 변화를 생리학적인 관찰이 아닌 존재로서의 여자 몸을 기록으로 남길 수 있었을 것이다. 매우 유용할 것처럼 여겨진다.

이 책에서는 한 남자가 평생동안 코피, 오줌누는 기술, 방귀, 똥의 모양, 설태, 전립선 비대증, 월경, 용종, 불안 증세, 티눈, 구토, 이명, 동성애, 권투, 수영, 코피, 비듬, 코딱지, 악몽, 현기증, 수혈, 치매, 내시경 검사, 건망증, 노안, 가려움, 몽정, 자위, 성불능, 성행위 등 몸에서 일어나는 여러 가지 상황들을 기록했다. 그 내용들이 너무 솔직해서 훌륭한 실용 의학 사전이 될 것 같았다. 몸의 변화를 나이가 들어가는 성장과 함께 솔직하게 묘사했기 때문에 '나도 그랬는데'라는 생각을 아주 자연스럽게 했다. 어떤 부끄러움도 없이 말이다. 사실 누구나 다 알고 있는 상황이지만 체면 때문에 솔직하게 말할 수 없어서 끙끙거렸던 그런 일들이 나만의 특별한 경우나 경험이 아니다. 자신에 대해서 특히 몸에 대해서 아주 솔직하게 말할 수 있다는 것은 삶에 긍정적인 영향을 미친다. 내가 느꼈던 몸의 변화로 인한 불안감 내지 쾌감을 자식이나 자손들에게 아주 친절하게 이야기해준다면 가장 좋은 교육이 될 것이다. 그것은 자식이 생애에서 가장 많은 영향을 부모에게서 받고 또 직접 눈으로 보고 경험하는 것이므로 효과가 크고 오래 영향을 미친다는 것이다.

　책의 제목은 몸의 일기지만 실제 내용들은 한 남자가 10대에서 80대의 죽음에 이르기까지의 생리적 관찰이 아니라 존재로서의 자신을 기록한 것이다. 자식이나 아내에게까지 숨긴 아주 비밀스런 이야기까지 써놓았다. 심지어 10대에 성에 대해서 불능이라고 자책하면서 젊어서는 아내와의 사랑을 하루도 거르지 않고 나누었던 그 행복감이 위축되어 있을 때 천사처럼 나타난 피부가 검고 윤기 나는 20대의 여인과 나눈 3일간의 사랑을 아주 자세하게 또 벅찬 감동으로 기록한 것은 몸에 대한 기이한 조화와 부활의 의미라고 극찬한 이야기는 놀라자빠질만한 비밀이다. 그러나 추하게 느껴지지 않는 이유는 무엇일까. 곰곰이 생각해보니 인생이라는 임대차 계약(몸과 나)의 마지막 기간에 일어난 기적이기 때문이다. 대부분의 사람들에게는 건전하지 않고 부적절한 행위다. 그러나 한 개인의 몸의 역사에서는 대단한 기적이 아닐 수 없다. 맙소사! 이처럼 작가는 매우 솔직한 사람이다.

　우리는 보통 몸과 나 자신을 매우 밀착된 관계라고 찰떡같이 믿고 있다. 그러나 우습게도 우리는 몸에 대해서 잘 모르고 산다. 병이 나서야 의사에게 기대어 내 몸을 알아차리거나 알려고 하는 것이 고작이다. 태어나서 기억되는 순간이 아니면 생각을 제대로 할 수 있는 시점에서 몸을 잘 관찰하면 한 세상 사는 것이 즐겁고 신비롭고 탐사를 해 나가는 미지의 동굴인 것이다. 그러면 죽는 날까지 나 자신을 위한 삶을 살 수 있을 것이다. 그런데 책 속에서 '내 몸과 나는 서로 상관없는 동거인으로서 인생이라는 임대차 계약의 마지막 기간을 살고 있다. 양쪽 다 집을 돌볼 생각은 하지 않지만 이런 식으로 사는 것도 참 편하고 좋다.'고 써놓았다.

   그렇다. 사람들은 자신의 몸에 대해서 무책임에 가까운 무관심으로 대한다. 자신 뿐만 아니라 나를 둘러싼 가족과 친척들 그리고 타인들도 다 똑같은 몸을 가진 나로서 살기 때문에 몸에 대해 집착하는 것이 아니다. 있는 것에 대한 무신경이 발동하는 것은 몸이 아파서 아우성 칠 때 뿐이다. 이 책의 마지막 장을 덮었을 때 떠오르는 생각은 나의 10대의 모습이다. 첫 일기를 쓰기 시작하기 전 내 또래들은 벌써 초경을 치루었고 그 보답으로 뾰족한 유두가 봄날 새싹처럼 돋아나고 생애 첫 브래지어를 걸칠 때 나는 아무런 신체의 변화가 일어나지 않는 어린아이였다. 내가 그렇게 보잘 것 없는 여자 아이로 오래 머물러 있어야했던 이유는 많다. 그 중에서 영양의 불균형과 정신적 스트레스(15살에 엄마의 죽음)였다. 중학교 3학년이 되면 제법 교복 상의의 가슴 부위가 팽팽하다. 그러나 나는 등에서 브래지어 끈이 만져지지도 않는 가슴 부분이 푹 꺼진 교복 상의는 매사에 자신없음과 초라함 자체였다. 물론 오랜 시간이 더 지난 후에 나의 여성성은 살아났고 꽃을 피웠지만 그때의 내 몸을 자세히 기록해놓았다면 처음으로 소녀가 되고 여인이 되는 모든 여자 아이에게 식물 채집 표본처럼 오래 여자 아이의 표본책이 되었을 것이다.

실비아 플라스의 시전집을 읽고

 책을 묵혀 읽는 버릇이 있는 내가 이번에는 거의 2년이나 세월을 보낸 후에 시전집을 읽었다. 아들이 생일선물로 준 귀한 책인데도 쉽게 읽지 못했던 것은 시인을 잘 모르기 때문이었다. 단지 신문의 기사 속에서 인용한 한 구절에 매료되어 선택한 만큼 생각이 멈추었기 때문이다. 그렇게 긴 시간 끝에 시집을 읽어보니 경기가 날만큼 놀라운 시어 선택에 가슴이 설레었고 충격적이었다. 보통 사람은 평생 사용해도 못 다할 다양하고 핵심적인 시어의 사용은 놀라움 자체였다. 늘 보는 사물도 그녀의 시가 다녀가면 아주 고상하고 훌륭하고 아름다운 사물이나 형체, 생각이 된다. 물론 다 좋고 완벽한 것은 아니다. 지나치게 대비되는 반어의 사용은 낯설다 못해 더 이상 책장을 넘기거나 시를 읽어내지 못할 정도로 난해했다. 섬뜩함 같은 추상적인 시 세계에서는 주춤하기도 했다. 그래서 어떤 날은 한편의 시를 읽고서 오후 내내 머릿속은 실비아라는 여인의 그림자가 어른거려서 심난하기도 했다. 물론 내가 그녀에 대해 아는 것이 없다. 그저 여인이 어쩌면 이렇게 꼬였을까. 아니면 무엇이 그녀를 분노케 하는 것일까. 귀여운 동화나 전설도 그녀의 머릿속을 통과하면 결코 우리가 보지 못한 세계나 보고 싶지 않는 세계를 까발리며 '정신 차려라'고 혼쭐을 내는듯한 착각이 들기도 했다.

　사람들은 하나의 사물을 보고 그것에 가장 잘 어울리는 단어는 자신이 알고 있는 낱말의 전부라고 생각하기 쉽다. 그래서 낯선 낱말이 익히 알고 있는 사물을 설명하거나 표현하면 당황스럽고 거부감이 든다. 실비아의 시어에서 내가 가장 많이 느낀 것이 바로 그 낯섦이다. 그녀는 늘 사전을 옆에 끼고 살면서 많은 단어를 사물과 직접 연관시켜 익히고 사용한 덕분에 언어의 마술사처럼 사람들의 사랑과 존경, 이해를 받았던 것 같다. 그런데 그녀가 그토록 열심히 공부하면서 시를 쓴 이유가 그 당시의 유명한 남성 시인인 예이츠, 엘리엇 같은 사람들과 겨룰 작품을 쓰기 위해서라는 옮긴이의 해설이 안쓰럽기조차 했다. 타고난 감각과 감성으로 시를 쓰기보다 노력하여 어떤 목표의식에 도달하기 위한 치열함 자체였다. 삶에 대한 예리한 탐구가 추상적이 되거나 냉소적이 되어서 비아냥대는 모습이 시에서 읽혀질 때 그것이 진정 시인의 모습인가 하는 제멋대로 생각에 잠겨 그녀의 32해의 짧은 삶에 대한 비애를 느꼈다. 어쨌든 이 시집이 술술 읽혔던 것은 아니다. 그냥 책상 위에 아무렇게 놓아두고서 생각날 때마다 혹은 눈에 띄일 때마다 펼쳐서 읽고 다시 시인을 생각하는 것이 시인을 이해하고 또 시세계를 이해하는 것이 좋을 듯싶다.

　가끔씩 집근처를 산책할 때마다 소공원의 큰 나무 아래 핀 연산홍이나 흰철쭉 꽃을 볼 때마다 시인의 표현처럼 공원의 바보 같은 꽃이 저것이구나 했다. 물론 '바보 같은'이라는 말에 생각이 멈추어서 시인의 진짜 의도를 왜곡할 수도 있지만 나름대로 바보 같은 꽃에 대한 결론을 내렸다. 그렇다고 그 꽃들이 보잘 것 없거나 아름답지 않다는 것이 아니라 그 존재감에 대한 이해와 해석이라고 나름 시인을 흉내내

어본다. 늘 올바른 언어와 적절한 표현, 정확한 표현을 하는 것이 매우 중요한 일이지만 인생이 그리 녹록치 않다면 가끔씩 비아냥거리거나 풍자를 하는 것이 삶을 근사하게 할 수 있다. 풍부하고 웃음이 넘치는 유머가 삶을 신나게 할 수 있지만 반대로 냉소적인 유머가 있다면 그것은 삶을 냉철하게 관찰하게 하는 힘이 아닐까 싶다. 내 머릿속에 남아있는 실비아의 시세계는 냉소적인 유머로 가득 차있다. 그것을 비평가들은 시인이 분노에 찬 사람이라고 편견어린 시선으로 평가한다. 내 생각에는 그녀의 분노처럼 보이는 절규는 시의 간절한 염원일 뿐이다. 시대의 경계를 겪고 페미니스트의 세계를 열어 보인 것이다. 그녀의 시가.

무라카미 하루키의 'IQ84'를 읽고

 "여기는 구경거리의 세계. 처음부터 끝까지 모두 다 꾸며낸 것. 하지만 네가 나를 믿어준다면 모두 다 진짜가 될거야." IQ84의 내용이다. 소설가는 소설을 잘 쓰는 것이 본업이고 하는 일이다. 소설가가 되어야만 소설을 쓸 수 있는 것이 아니라고 소설가 김연수가 지적했듯이 무라카미 하루키는 무엇인가를 쓰기 시작해서 독자들을 마치 그 무언가에 집중시키고 그것을 사실처럼 믿게 만드는 힘이 있다. IQ84년에는 달이 두 개 있고 또 마더와 도터가 있으며 그들의 소리를 전달하는 리틀 피플이 있어 꾸며낸 모든 일을 사실처럼 믿게 만들면서 머물러 있었던 IQ84년을 벗어나 1984년으로 돌아가게 한 것이다.
 1984년은 조지 오웰의 소설 '1984년'에 나오는 일종의 사회적 아이콘인 스탈린 주의를 우회적으로 표현한 것인데 IQ84년은 일본의 60년대 적군파 사건을 암시하면서 사이비 종교 교단을 적나라하게 파헤친다. 사이비 종교에 빠진 사람들은 명령받은대로 움직이는 사람들로 인격과 판단 능력을 갖추지 못한 사람들, 이것과 똑같은 일들이 내 몸에 일어났어도 이상할 것이 없다는 작가의 표현처럼 '아오마메'의 부모는 사이비종교 단체인 '선구'의 일원이 되어서 어린 아오마메를 제대로 돌보지 않았다. 10살 때까지 아오마메는 부모의 강요에 못이겨

부끄러움도 감춘채 행동했던 끔찍한 기억을 평생토록 간직한 채 그 트라우마에서 헤어나기 위해 결국 선구의 리더를 살해하고 역설적이게도 그 리더의 아이를 수태하면서 그들의 목소리가 되는 것이 IQ84의 주내용이다. 그야말로 소설이다. 작가의 끊임없는 상상력과 쓸 수 있는 힘이 사람들을 구경거리의 세계로 이끌어가서 믿게끔 했다. 아니 믿어야만 진실이 되는 세상임을 일깨워준 것이다.

  아오마메와 덴코는 같은 초등학교에서 3학년까지 지내는 동안 서로가 안고 있는 고통을 이해해주는 철이 너무 일찍 든 애늙은이다. 이들의 부모들은 부모답지 못했다. 이들은 일본 사회가 안고 있는 사회적 문제를 안고 사는 사람들이다. 덴코의 엄마는 부정한 짓을 저질러서 일찍이 친부가 아닌 아버지 밑에서 정신적으로 육체적인 학대를 받고 성장했고 아오마메 역시 사이비 종교에 빠진 부모들로부터 제대로 된 보살핌을 받지 못했던 것이다. 그래서일까. 10살짜리들이 미래의 자신들의 모습을 약속을 한 듯이 헤어지고 만났다. 그 과정 속에 끝없는 이야기들이 생겨났다. IQ84년에 갇힌 덴코와 아오마메에게는 베이면 피가 철철 나는 현실이었지만 덴코를 위해서 아오마메가 재생했고 덴코 역시 '공기 번데기'를 통해서 아오마메를 간절히 기억한다. 아오마메를 찾기 위해서 그 소리에 귀기울이는 과정은 고통이 아니라 현실처럼 여겼다. 결국 모든 것은 꾸며진 구경거리의 세계이지만 덴코와 아오마메의 서로에 대한 믿음이 진짜가 되면서 1984년을 되찾았다.

  어쨌든 이 소설은 해피엔딩이다. 제목이 주는 신비함은 차디차다. 현실에서는 분명히 한 개의 달이 존재하지만 그들의 세계에는 두 개의 달이 존재하므로 모든 것은 꼬이고 아픔이고 공포이고 두려움이고 잔인함으로 가득하다. 난 이 소설이 반드시 새드 엔딩이 될 것이라고 생각하며 읽었다. 소설이 끝나는 부분에서 덴코와 아오마메가 단란하고 아득한 콩깍지 속으로 행복하게 콩이 되는 것이 못내 아쉬웠다. "깊은 고독이 낮을 지배하고 큰 고양이들이 밤을 지배하는 마을이야. 아름다운 강이 흐르고 오래된 돌다리가 놓여있어. 하지만 그곳은 우리가 머무는 곳이 아니야. 나(아오마메)는 'IQ84'이라는 이름으로 부르고 그(덴코)는 '고양이 마을'이라는 이름으로 불렀다. 하지만 가르키는 건 똑같은 한 가지다." 결국 이 세상에는 똑같은 두 개는 있지 않다. 믿음은 오직 한 개로 만족스럽다. 책 속에서 보았듯이 종교는 진실보다 아름다운 가설을 제공한다. 그 아름다운 가설들이 눈에 보이고 실증 가능할 때만 믿음이 생기는 것 같다. 간절히 바라는 것이 진실이 된다.

김장 배추를 가득 실은 리어카를 끄는 촌로는 연신 누런 이빨을 드러내며 히죽거린다. 볶은 머리카락을 한 아낙은 리어카에 매달리다시피 하면서 밀고 당기며 내 앞을 지나간다. 그들을 따라가면 푸른 행복이 있을 것 같다. 내 눈에 보이는 것은 IQ84년이다. 이 순간 전혀 일어날 수 없는 일들이 스치고 이해할 수 없는 사건들이 발생해도 사람들은 아랑곳하지 않지만 나는 그것을 진작에 알고 있었던 것처럼 보고 그 세계로 따라가고 싶다는 열망은 지금 현실에서 일어나는 세상에서 그 어떤 행복도 구원도 얻을 수 없다는 착각을 한다. 사람들은 IQ84년에 일어났던 두 개의 노란 달과 푸른 달을 보지 못한다. 그러나 꼭 보아야할 사람들은 두 개의 달을 보면서 근원적인 문제에 고민하고 불안해한다. 자신에게서 일어나는 현실들이 전혀 평범하지 않다는 사실에 고통스러워하는 것이다. 사람들은 가끔씩 IQ84년을 꿈꾼다. 단지 그것이 현실인지 꿈인지 모를 뿐이고 또 어린 시절에 일어났던 일들이 성인이 되어서도 그 연장선에서 불안해하고 행복해하지 않는다는 사실을 애써 외면할 뿐이다.

　신흥종교에 인생의 모든 것을 바치는 사람들은 이상하거나 특별하거나 외계인 수준이 아니라 지극히 평범한 '나' 같은 사람들이다. 단지 그들에게는 애초부터 '행복'이라는 단어가 낯설고 불편해서 선택한 일상이라는 것이다. 다시 한 번 인용해 본다. "여기는 구경거리의 세계. 처음부터 끝까지 모두 다 꾸며낸 것. 하지만 너가 나를 믿어준다면 모두 다 진짜가 될거야."

6. 영화 이야기

아가씨
맨체스터 바이 더 시
옥자
세 얼간이
무문관
레이디 버드
페인티드 베일
보헤미안 랩소디
기생충
피아니스트의 전설
미나리

영화 '아가씨'를 보고

아가씨는 남자들의 욕망의 세계를 거칠고 적나라하게 까발린 도구이다. 인간 개개인의 삶은 신비로움 자체라고 점잖은 소설가가 말했을 때 틀린 말이 아니라 아주 통찰력 있는 관찰이라고 생각했었다. 아가씨라는 영화를 보는 동안 그 소설가의 생각이 틀렸다는 것을 알았다. 신비로움이 아니라 음흉하고 비루한 가짜들이 진짜의 가면 뒤에서 욕망의 덫을 촘촘히 쳐놓고 이리저리 걸려드는 진짜들의 탐욕을 털고 있는 것이다.

인간이 인간답게 산다는 것이 무엇일까? 책을 팔아서 금을 산다는 소리는 들어도 금을 팔아서 책(춘화가 가득한 책)을 사는 것은 무슨 지랄 맞은 소리인지 모르겠다고 하녀의 독백처럼 돈과 성에는 인간을 가장 타락하게 하는 가벼움이 있다. 30년 일제시대의 엄청난 부를 상속받은 가짜같은 아가씨를 둘러싸고 사기꾼 백작, 사기꾼에게 사기와 협박을 하는 하녀, 성도착증을 가진 후견인이 오래된 성에서 요지경 생활을 한다. 금병매의 주인공들을 날마다 그 집 중앙 도서관 홀에 불러와서 남자들의 욕망과 탐욕을 자극한다. 음탕하기로 제일가는 반금녀와 서민경의 러브 스토리는 절대로 점잖치 않는데 아가씨가 절제된 감정과 표정으로 이야기하고 읽어내릴 때는 결코 천박하고 지저분하고 야박한 것이 아니라 고품격 성애를 자극하고 인간의 욕망을 점잖게 자극하는 연극의 주인공 노릇을 한 것이다. 아가씨가 결혼을 못할 것 같다고 하녀에게 투정할 때의 모습은 모든 인간의 가면을 쓴 모습 그대로이다.

영화가 시작되고 1부의 막이 내리기까지의 아가씨는 후견인의 희생양이고 사기꾼 백작에 걸려든 가련한 먹이이다. 그래서 관객들은 가짜들이 인생의 여러 가지 비루한 모습에서 승리한 줄 착각한다. 2막이 시작되면 아가씨의 반전은 가짜와 진짜의 진면목을 충분히 보여준다. 진짜가 가짜의 허물을 벗게하고 가짜가 가장 순수한 인간의 성선으로 모습을 되찾게 하는데는 동성애라는 성애인 것이다. 충격적이었다. 마치 에로 영화를 보는 듯하여 민망한 구석이 없지 않았지만 곰곰이 생각해보니 인간이 가장 착해질 때가 본능에 충실하고 만족할 때라는 것이다. 도둑의 딸이자 소매치기인 하녀 숙희가 히데코(아가씨)의 마음을 흔들어 자신을 둘러싼 탐욕과 음흉함과 미친 짓에서 빠져나오게 하는 것이다.

영화는 무척 화려했다. 여태껏 봤던 그런 영화가 아니다. 재미가 쏠쏠하고 2시간이 넘는 상영 동안 조금도 지루하지도 또 눈과 귀를 스크린 밖을 볼 수 없도록 몰입시켰다. 아름다운 여체가 태초의 에덴 동산에서 선과 악을 모르고 뒹구는 모습처럼 신비하고 기이함마저 느끼게 하는 영화였다. 그래서일까? 결코 심각하지도 않는데 관객들은 심각하게 감상하느라 숨소리조차 내지 않았다. 영화 '아가씨'는 우리나라의 개봉도 하기 전에 칸 국제 영화제 경쟁 부분에서 화제가 되었다. 대단한 작품성과 뛰어난 예술성이 있는 수준 높은 영화가 아닐까하는 기대를 한 것이 관람의 동기였다. 그런데 영화를 보는 내내 재미는 있는데 무엇을 보고 느끼게 하는 것일까 하는 의문이 들었다. 히데코의 방 안 여기저기 놓여있는 가구와 5단 서랍 속에 가득찬 장갑들과 둥근 모자 상자에 들어있는 우아한 모자는 올 가을 유행할 패션 쇼를 미리 보는 것 같았다. 곧 영화의 상업성에 속게 했다. 물론 영화는 오락이다. 재미가 있어야하고 또 시간과 돈을 투자한 만큼 즐거움이 있어야 한다. 때문에 영화관에서 즐기는 것이다. 아가씨는 그런 만족감은 채워주었지만 슈베르트의 현악 4중주의 아름다운 선율만큼의 감동은 없었다. 감독이 애쓴 흔적이 너무 많아서 오히려 상업적이 아닐까 싶었다. 헐리우드 식의 상업 영화가 되려면 폭력이 일상화된 박진감이나 충격적인 스트레스 해소 질량이 넘쳐나야 장르가 주는 만족감을 느낄 수 있다. 아가씨에는 그런 오락도 없고 또 폭력은 있어도 불쾌한 잔혹함이 있어서 사람이 싫어지게 했다.

 인간의 삶에는 에로틱한 사랑이 없으면 너무 건조하여 바스라지든가 아니면 신비감을 잃게 된다. 하루에 한번씩 나오는 신문에는 꼭 남녀 상열지사로 인한 사건들이 실린다. 그저 그런 인간들의 사랑 놀음에 흥미가 없는 것처럼 굴지만 실제로는 정치보다 흥미롭고 관심이 큰 것이 사바세계의 중생들 인생이다. 그래서 훌륭한 실내악이 주인공들의 인격을 대변하지 못한채 재미만 좋은 레즈비언 에로 영화가 되고 말았다. 칸의 영화제에서 큰 상을 받지 못한 이유라고 나름 생각해본다. 영화가 끝나고 극장문을 나올 때까지 동행인과는 한 마디의 영화 이야기도 할 수 없도록 자극적이었다. 남녀 사이에 일어나는 모든 상상력보다 동성끼리 나누는 상상력이 너무 폭력적이라는 느낌 때문에 영화에 대한 어떤 후일담도 나누지 못했다. 좋은 영화란 어떤 것일까 라는 생각을 여러날하게 했다. 국산 영화의 대단한 발전이라는 긍정과 국가의 이상을 생각게했다. 민족적 불행인 일제 36년의 식민 시절의 아픈 기억도 두고두고 씻을 수 없는 수치라는 것도 기억해야할 것이다. 코우즈키(조진웅 분)는 조선인이면서도 일본을 아름답고 조선은 추하다고 지껄이는 친일파이다. 일제강점기 시대의 지식인이나 부유한 자들은 다 코우즈키가 아닐까 싶다. 식민 전후 세대의 눈으로 볼 때 그들이 친일파이지 그 당시의 사람들은 능력의 소유자가 바로 코우즈키같은 사람이 아닐까하고 여겨졌다. 히데코와 숙희가 행복한 듯 러시아로 떠나는 모습이 어쩌면 이 영화의 실패가 아닌가 싶다. 코우즈키의 온갖 모순이 곧 일제 강점기의 모순이기에 그것을 잘 파헤치고 마무리하는 영리함이 있었으면 칸에서 작품상과 여우주연상을 거머쥘 수 있지 않았을까 생각한다.

영화 '맨체스터 바이 더 시'를 보고

 눈물이 났다. 삶이 우리에게는 온정을 베풀지 않는다. 빵빵 터지는 즐거움도 자지러질듯한 행복도 없는 리의 삶은 상실이었다. 삶이 이리도 사람을 무시해도 될까 싶도록 리의 인생은 고달프고 고통 자체였다. 잡역으로 일하는 리에게 샤워꼭지에서 물이 샌다고 불러들인 늙은 암탉같은 여자는 리가 자신을 성폭행을 할 것처럼 모욕을 준다. 더러운 냄새가 나는 통통이 막혔다고 불러들인 고양이 같은 젊은 여자는 리의 성적 취향을 간 보듯이 굴욕감을 준다. 그래도 리는 계속 살아야 하는 이유 때문에 고통과 절망 속에서 삶의 가치를 찾으려고 애를 쓴다. 고단한 삶이다. 그러나 영화 감독은 이 영화가 절망에 관한 것이 아니라고 했다. 단지 보통 사람들이 살아내야 하는 삶의 한계를 잔잔하게 보여준 것이다. 무엇보다도 이 영화에서는 우리가 살아가는 동안에 겪게 되는 이별이나 죽음같은 상실 앞에서 어떻게 살아갈 수 있을까 하는 깊은 의문과 함께 살아있는 자는 어떻게도 살아야 한다는 것이다. 개똥 밭에 굴러도 이승이 낫다는 옛말이 틀렸다고 몇 번이나 생각했다. 리의 인생은 속된 말로 행운이나 기회가 비껴갔다. 아파트 관리를 하는 잡역으로 온갖 힘든 일을 하면서 괴로움에 짓눌려 살아가는 어느날 고향 맨체스터에서 살고 있는 형이 위독하다는 소식을 듣고 고향으로 갔다. 그에게 고향은 그리움이 아니다. 삶을 완전히 나락으로 떨어지게 한 곳이다. 친구 좋아하는 리가 추운 겨울날 자신의 집에서 술을 마시고 진탕 놀다가 부인 랜디와 다투고 엉망으로 쓰러져 자다가 새벽에 추워서 일어나 벽난로에 불을 지피고 집안이 데워질 때까지 마트에서 먹을 것을 사서 돌아오니 집이 몽땅 불바다가 되고 아이들이 불 속에서 사라졌고 아내만 겨우 목숨을 건진 사건 때문에 리는 한 순간에 모든 것을 잃고 고향을 떠났다. 그런 아픈 기억, 고통스러운 기억 때문에 고향으로 갈 수 없었는데 형의 죽음과 함께 남겨진 조카 패드릭의 후견인으로 지목되어 맨체스터로 돌아온 것이다. 슬픔이나 불행한 일을 당했을 때 그 불행으로부터 멀리 떨어져 있는 것이 방법인데 리는 패드릭이란 존재 때문에 마음대로 불행하고 고통스러운 현실에서 탈출하지 못한다. 아버지가 죽어서 절망 속에서 못 헤어날 줄 지레 걱정하는 삼촌은 오히려 여자 친구를 집으로 데려와서 함께 자고 혼성 밴드를 조직하여 노래부르는 조카를 이해해야 했다. 보통 사람들은 소중한 것을 잃어버리면 아무것도 할 수 없을 것이라고 생각한다. 그러나 어느 누구도 자신의 일상을 포기하지 않는다. 그것은 상실의 의미가 심각하게 삶에 영향을 주지 않기 때문이다. 오히려 타인의 상실이나 슬픔을 이해하려고 한다. 그들이 이해하는 것은 고통으로 일그러진 모습과 불행을 비웃는 것이 전부다. 우리가 할 수 있는 것은 그들에게 의견과 방향을 제시하는 것이 아니라 그저 보아주고 이야기에 귀기울여 주는 것이며 고통받은 그들에게 자책이 옳지 않음을 상기시키는 것이다.

맨체스터의 바다가 고정된 것처럼 보이는 도로 위로 자동차를 몰고 왔다갔다하는 장면은 리의 인생의 모습이다. 변함없이 아름다운 풍경이 그 자리에 놓여있지만 그것을 지켜봐야하는 사람들은 한결같은 아름다움을 지켜볼 수 없다. 인생이라는 것은 누구에게나 평범하고 공평한 것처럼 보이지만 실제는 그렇지 않다. 내가 아파서 고통스러워 뚝뚝 눈물을 흘리면서 잠을 청할 때 옆방의 타인들은 노래를 부르고 춤을 춘다. 나의 상실감이 남에게는 어떤 이유도 될 수도 없는 것이 세상의 모순이지만 실제의 원칙이다. 섣불리 남의 고통 앞에서 이해하는 척 아는 척하는 것이 더 나쁜 행위라는 것도 알게 되었다.

 태어나는 것은 반드시 사라지게 되는 연기의 법칙을 잘 이해할 수 있을 때 '소중한 것'이라고 여기는 것에 대한 집착에서 자유로울 수 있을 것 같다. 우리는 태어나는 순간 오래된 사람이 되어가는 것이다. 그 누구도 오래된 사람이 되지 않을 이유가 없다. 떠나간 자리에는 새로운 미래로 채워지고 그래서 절망이라고 하는 것에도 꽃이 피어나는 것 같다. 영화에서 리는 참으로 동정하고 싶은 가엾은 사람이다. 두 시간이라는 긴 시간 속에서 한 번도 신나게 웃을 수가 없도록 영화가 조금씩 조금씩 가라앉지만 결코 지루하지도 않고 시간이 금새 지나가고 말았다는 것을 느끼게 하는 것은 내가 바로 리와 같은 삶의 주인인 것이다. 리를 위해서 눈물을 흘렸지만 어쩌면 그 눈물의 진정한 의미는 내 삶에 대한 위로가 아닐까 싶다. 내가 살아가는 동안 얼마나 많은 '소중한 것'을 잃어야 하며 또 그때마다 넋놓고 시간을 멈출 수는 없다. 살아야 하기 때문이다. 언젠가 책 속에서 보아 오래동안 잊혀지지 않는 구절이 또 생각났다. 어떤 불행도 슬픔도 오래 머물지 않는다는 말이다.

영화 '옥자'를 보고

 선입견은 무섭다. 넷플릭스(미국의 스트리밍 영상 대여 회사 즉 인터넷을 기반으로 드라마나 영화를 송출하는 회사) 영화이기 때문에 칸 영화제의 규정에 맞지 않아 작품상이나 감독상 등을 수상하지 못했다. 그래서일까. 극장가에서 상영하는 곳도 거의 없었다. 대구 시내에서는 만경관 뿐이었다. 이미 많은 사람들이 인터넷 상으로 보았다고 했다.
 극장에서 화면 전체에 슈퍼 돼지가 어슬렁거리는 모습은 영락없는 하마같았다.(돼지+하마+매너티가 섞인 형태가 옥자이다) 유전자 조작으로 태어난 슈퍼 돼지의 이름이 옥자이다. 하도 이슈가 된 영화라고 떠들어대기에 나도 모르게 이 영화를 놓치면 후회할 것 같아서 관람했는데 졸기도 하고 하품도 많이 했다. 잠깐 조는 사이에 떠오르는 낱말은 용두사미였다. 거대한 몸집을 한 옥자가 스크린 가득 채우지만 내용은 의외로 단순하다. 타이틀에 대한 기대에 못 미치는 단순한 스토리의 전개는 이미 많은 사람의 머리 속에서 생각해낼 수 있는 것이었다. 더 많은 고기와 풍부한 육질을 씹어보기를 갈망하는 현대인의 입맛을 돋우고 돈을 벌기 위해서 부자들이 나서서 유전자 조작을 했다. 옥자보다 훨씬 이전에 이미 콩과 옥수수, 감자 등과 같은 작물들이 유전자 조작으로 사람들의 뱃속살을 채웠다. 채식에 물린 사람들이 육식에까지 유전자 조작이라는 비윤리적인 행동을 한 것이다. 이미 과학의 발달이라는 이름 아래 행해지고 있다는 것까지의 내용은 물질이 풍요로운 세상에 살아가는 21세기 사람들은 다 안다.

  동물과 인간 사이에서 일어나는 동물보호 혹은 동물학대는 매우 흥미로운 사실이다. 단순하면서 흥미로운 사실을 어떻게 모색하고 해결할 수 있는가의 대안을 제시했다면 이 영화는 세계 사람들에게 찬사를 받을 수 있지 않았나 싶다. 그래서 졸고 있는 사이에 용두사미 용두사미를 중얼거린 듯 싶다. 영화를 사랑하는 사람들은 설국열차와 같이 옥자를 통해서 감독의 '유머와 주제의식이 살아있는 사회 풍자극'이라고 추켜세운다. 옥자와 미자의 세상살이는 현실불가능한 일이다. 만화 속의 주인공처럼 미자가 옥자의 귀에 소곤거리면 옥자는 심각해하거나 실소를 한다. 이 모습은 인간과 동물이 공존할 수 있는 세상이 되면 좋겠다는 바람일 뿐이다. 오늘도 식탁 위에 오른 핏물을 머금은 고기 덩어리에 칼로 잘라서 입속으로 가져갈 수 있는 양심에는 동물에 대한 존엄성이라든지 인간의 탐욕에 대한 가책이 없다. 맛있는 음식을 먹어야만 즐겁고 생명유지가 되고 종족번식이 되는 원칙만이 항상 인간을 탐욕스럽게 한다. 아무리 생각으로 동물 학대와 육식 산업에 대한 반성을 해도 뉴욕의 거대한 도살장에는 도살된 소와 돼지의 살덩어리가 부위별로 나누어져 포장되어 각각의 가정으로 팔려 나간다. 이러한 도살장에는 부처님의 자비도 예수님의 사랑도 통하지 않는다. 이 영화가 성공을 하려면 거대한 푸드 회사와 동물보호단체가 서로의 잇속을 내려놓고 대안으로 인간의 삼독인 탐진치에 대한 성찰을 제시했다면 좋았을 것이다.

  모든 문제는 탐욕에서 시작한다. 자족할줄 아는 덕을 갖춘 사람이 될 때 사회적인 문제는 해결될 수 있을 것이다. 영화 속 미자가 뉴욕으로 끌려간 옥자를 찾아가는 과정에서 겪게 되는 사건들은 우리 사회의 탐욕스러운 모습 그 자체이다. 도살장 쇠 드럼통 속에서 기절하기 직전에 구출된 옥자와 미자의 만남은 자비화신이다. 인간과 동물의 교감으로 두려움과 공포에 질린 옥자의 표정에서 인간이 저지른 동물학대를 넘어선 탐욕의 부끄러움을 읽을 수 있었다. 옥자는 미자를 의지하고 무한신뢰하는 것은 뻔한 만화적 장면이지만 우리 모두가 미자처럼 옥자에 대한 최소한의 양심과 예의를 가져야 할 것이다. 사회비판적이고 풍자적인 내용을 이슈로 떠올려도 실천하지 않는다면 슈퍼돼지는 21세기 식량난의 대안이 될 수 밖에 없다. 소나 닭, 돼지들도 여유만만하게 수명대로 살아가는 것이 되고 식탁 위로 오르는 고기 값이 지금보다 2,3배 올리면(돼지 키우는 사람들의 생각) 육고기 소비에 대한 반성을 하지 않을까 싶다. 돼지도 돼지답게 살 권리가 있을 것이다.

영화 '세 얼간이'를 보고

'all is well'이란 말은 남녀노소 누구에게나 위안을 줄 수 있는 말인 것 같다. 인도에서 자칭 천재들만 가는 인도 최고의 공대인 IEC에 다니는 주인공 란초가 입에 달고 사는 말이다. 무슨 마력이 생기는 것처럼 란초에게 닥치는 크고 작은 실수나 불행은 'all is well'이란 말 앞에서 무력해지는 것을 여실히 봤다. 나도 앞으로 주문처럼 'all is well'을 읊조리면서 살 것이라고 따라해 본다. 그런데 신기하게도 'all is well'은 분명 힘이 되는 것 같다. 무엇보다 기분이 좋아지는 것 같았다. 매사에 기분이 좋아지면 일마다 긍정적으로 바뀌면서 에너지가 생겨난다. 희망과 기대와 행복이 싹트듯이 온몸에서 스멀거린다. 분명 좋은 징조가 맞다. 눈뜨자마자 댓바람부터 짜증이 나고 입맛이 죽을 맛이 되는 나쁜 기운으로 가득 차 있으면 모든 것은 꼬여들고 해결책이 없어진다. 인생이 즐거워지지도 않고 절망과 원망만이 가득해 앞날을 어둡게 한다.

주인공 란초는 모시는 주인댁의 청소부의 아들로 주인집 도련님을 대신해서 공학자가 되어 대리인생을 즐겁게 살아간다. 비록 신분이 카스트 제도에 갇혀 공부는 엄두도 낼 수 없지만 주인댁 나으리의 배려로 IEC 공대에서 공학자가 된다. 그 과정에서 란초는 대리 인생의 얼간이가 아니라 진짜 천재가 되어 대학 생활을 하는데 친구인 파르한은 오직 집안의 꿈나무로 초라한 가문의 전 재산을 IEC를 위해서 투자했다. 아버지의 기대와 압력 때문에 그토록 하고 싶고 재능까지 있는 사진작가를 포기한다. 오직 공학 박사가 되기 위해서 험한 인생 경주에 뛰어든 세 얼간이 중의 하나이고 또 병들어 꼼짝도 못하는 아버지와 늙고 지친 어머니와 혼수로 새 자동차를 사갈 수 없어 시집 못가고 있는 누나를 위해서 반드시 공학자가 되어야하는 찌질이 라주 이다. 출세를 위해 수단과 방법을 가리지 않고 탐욕과 이기심과 어리석음 덩어리인 차투만과 함께 어울려 IEC 공대 생활 속에 일어나는 온갖 이상한 일들과 선배들의 불합리한 전례, 바이더스 총장의 권위와 몰인정 앞에서 란초는 익살과 재치로 웃음을 선사한다. 천재 란초의 필살기는 바로 'all is well'이다. 이 말만 중얼거리면 란초 앞에 펼쳐지는 인생은 술술 풀려나간다. 바이더스 총장의 세 얼간이 퇴출 작전에도 당당히 맞서고 또 교수들의 구태의연한 교습법에 정면으로 맞서 기성세대를 경악케하는 행위 앞에는 바로 자기 위안이며 최면같은 'all is well'이 멘토가 되었다.

  사람들은 틀에 갇혀버리면 쉽게 나오지 못한다. 어쩌면 나오지 못하는 것이 아니라 나오는 방법을 몰라서 갇혀 있는 경우가 많다. 또 전통처럼 내려오는 구습이 악습이 될 수 있는데도 전통이라고 우기면서 자신의 정체성을 잊어버린 채 체제 속에 갇히는 것은 배운 자나 배우지 못한 자 다 똑같다. 인생이 경주라고 떠들어대는 사람들도 그저 경주에서 함께 뛸 뿐, 왜 뛰어야하는지 또 어떻게 달려가야 하며 어디에서 뛰어야할지를 모른다. 때문에 지치고 포기한다. 하지만 란초를 비롯한 세 얼간이들이 제대로 된 경주 방법을 보여준다.

영화 내용은 조금은 비현실적일 수 있다. 대학 총장과 학생 사이에서 일어날 수 있는 지극히 사소한 일상이 아닌 이야기와 너무나 드라마틱한 총장 딸과 가난한 학생의 사랑 이야기 등은 무척 진부하지만 너무나 똑똑해서 얼간이가 된 세 사람을 통해서는 전혀 다른 효과를 나타낸 것이 이 영화의 매력이며 영향력인 것 같다. 세 얼간이의 현재의 삶은 다 해피엔딩이 되어서 오락 영화의 흥행을 성공시켰다. 졸업과 동시에 홀연히 사라진 란초는 찬란한 공학 박사를 주인집 도련님의 가보로 돌려주고 라다크로 간다. 그곳에서 세상에서 제일 투명한 영혼을 가진 사람들을 위해서 봉사를 하면서 란초의 인생 경주의 종착역을 이룬 것이다. 이 영화는 단순히 세 명의 천재들이 살아내는 얼간이 삶만이 아니라 인도 사회의 고질병인 신분 제도 카스트에 갇혀 출세와 행복 등이 제한되고 갇혀버리는 것을 말해준다. 아무리 똑똑한 천재라도 부모를 잘못 만나면 주어진대로 살아야만 하는 것이다. 신분 상승이란 있을 수 없으며 죽다가 깨어나도 일어나지 않는 기적이라는 것이다. 그런 모순과 억압을 알리는 영화인 것이다. 인생은 경주인데 어떤 말을 타고 달려가야만 성공하는 삶이 될까. 신분 제도가 유지되는 한 경주는 언제나 제한적이며 또 얼마든지 얼간이들이 탄생될 수 있다는 것이다.

영화 '무문관'을 보고

　작정하고 영화를 보러갔다. 내가 불자이기 때문에 의무감같은 사명이 발동한 결과이기도 했다. 영화를 보기 전의 선입견은 남송 때 선승 무문 혜개 스님의 수행기를 21세기 대한민국의 선승들의 수행과정을 대비한 줄 알았다. 그래서 기대가 컸고 또 수년 동안 나름 화두를 들고 참선을 든 입장에서 궁금하고 또 궁금했던 화두타파에 대한 일말의 알아차림이 있을 것이라고 기대했다. 그런데 기대는 잘못이었다. 치열한 구도의 과정에서 화두가 타파되어 미친 사람처럼 굳게 잠기었던 선방을 깨부수고 나오는 눈푸른 납자가 아니라 두 평 남짓한 독방에서 외롭고 고독하여 고통을 감내하는 평범한 모습 또 거친 발걸음과 숨소리의 고요함이 없이 깊이 선정에 든 지극히 고요하고 내면에 평화로움으로 세속의 가치를 조금을 하찮게 해주었다면 얼마나 좋았을까 싶었다. 함께 영화를 본 친구가 문득 스님은 절대로 되고싶지 않다고 고개를 절레절레 젓는 모습에서 영화가 의미를 제대로 주지 않았음을 알았다. 한마디로 평한다면 한 스님의 백일간의 독방 수행기록물인 것 같았다. 3년 무문관 수행에 동행한 한 비구니 스님의 수행이 끝난 후에 독백처럼 되뇌이는 말은 참 할 일 없는 사람들의 푸념처럼 들려서 실망스럽기조차 했다. '시간은 흘러 나이가 들면서 몸이 변해갔지만 3년

전의 무문관 입방 때 생각이 하나도 달라지지 않고 제자리에 있다.'는 그 말에서 안타까움이 들었다. 석가모니 부처님은 설산에서 6년의 고행 끝에 깨달음을 얻었다는 사실이 문득 생각나서 더욱 더 그 스님의 한탄스러운 말이 아쉬웠다. 물론 구도의 과정이 힘들고 치열한 고통으로 아무나 쉽게 되는 것이 아니라는 것도 이해된다. 이 생에서 공부하는 습을 익혀서 다음 생에 깨달음을 얻는다고 해도 이상한 것이 없는 것이 선 수행의 특별한 과정인 것이다.

　영화의 전체 흐름 속에서 크게 차지했던 사계절의 변화 모습과 속가의 자매가 찾아와서 무문관 속에서 힘겹게 구도의 과정을 가는 동생을 걱정하는 장면과 또 한 스님은 3년의 수행동안 속가의 아버지가 돌아가셔서 무덤을 찾아가서 불효자를 용서하라고 되뇌이는 장면들은 전혀 불교답지 않았다. 물론 영화의 대중성과 상업성을 생각해서 그랬겠지만 불자의 입장으로 볼 때 실망스럽기만 했다. 차라리 큰 박수를 쳐주면서 1000일 동안 공부를 잘 해 본래 면목을 깨달아 라라리를 부르면서 덩실덩실 학처럼 춤추는 장면이 있었다면 영화 무문관은 대단한 성공작이 되었을 것 같다. 물론 지극히 불교적인 영화를 만들어서 시중 극장에서 상영했다는 사실은 대단한 성과물이 아닐 수 없다. 탐진치에 물든 사바세계에 살아가는 우리들에게 새로운 희망과 정신적 가치를 제대로 깨달을 수 있을 때 세세생생 부처의 종자를 잃어버리지 않고 내가 부처임을 알아차리는 것이 범부중생의 수행목적이다. 내가 부처이지만 자신의 내면 속에서 그 불성을 키우려하지 않고 외부로 눈을 돌리거나 또 누군가의 이끎이나 도움으로 불성을 알고자 하는 것은 부처의 제자가 되는 도리가 아니다. 외부에서 물리적으로 문에 자물쇠를 채우고 한 발자국도 밖으로 나갈 수 없는 강요된 고요와 침묵 속에서 불성의 자리를 깨닫고 확연히 내가 부처임을 알게 하기 위해서 무문관 수행이라는 특별한 구도 방법을 널리 알리는 데는 성공적이었다. 특정 종교를 떠나서 모든 구도자의 갈망은 영혼의 자유로움과 같은 열반인 것이다. 열반에 이르는 방법과 길은 종교마다 다르지만 그 도달점이 같다는 것은 종교의 가치가 아닐까 싶다. 함께 영화를 본 그녀의 말처럼 스님이 되고 싶지 않다는 것이 아니라 복 지어 다음 생에는 꼭 스님이 되어서 무문관에서 영원한 자유를 얻고 싶다는 원을 세운다.

영화 '레이디 버드'를 보고

 부모는 자식을 사랑하기 위해서 살아가는 사람들이 아니다. 그러나 세상 부모 중에 자식 사랑하지 않는 이가 없던가? 10대의 크리스틴은 스스로를 레이디 버드라고 지어 불러주기를 바라는 개성이 강하고 고집 센 여자 아이다. 부모에 대한 반항에는 아버지가 실직을 했고 피부 빛깔이 검은 오빠와 그의 연인(혼전 섹스를 해서 집에서 쫓겨난 여자)과 수학 올림피아드에서 수상하기 어렵다고 초를 치는 수학 선생이 캘리포니아의 새크라맨토를 미치도록 떠나고 싶도록 했다. 뉴욕으로 날아가면 인생이 반짝 빛나게 해줄 것이라고 철떡같이 믿는 버드에게는 간호사로 집안일을 힘들게 꾸려가는 잔소리꾼 엄마가 가로막힌 장벽인 것이다. 꾸중하는 잔소리가 싫어서 달리는 자동차에서 뛰어내려 팔에 깁스를 한 딸을 볼 때 엄마인 메디언의 부글거리는 속을 십분 이해할 수 있었다. 그 장면 앞에서 난 엉뚱하게 내 딸이 레이디 버드처럼 자신의 답답한 속내를 표현해주었다면 얼마나 좋았을까 하는 생각이 들었다. 내 딸은 학창시절 내내 새끼 부처님이었다. 어떻게 10대 소녀가 부처가 될 수 있을까 싶다. 미래에 대한 불분명한 두려움과 꿈, 숨막히는 학교생활을 도를 통한 듯 처연하게 보낼 수 있었는지 생각해보니 내 가슴이 먹먹하고 미안하고 안타까웠다.

감독 그윅이 말했다. "내가 아는 대부분의 여성은 청소년 시절 어머니와 그 무엇보다 아름답고 헤아릴 수 없는 복잡한 관계를 맺는다. 모녀지간은 가장 격정적인 로맨스 중 하나다." 곰곰이 생각해보니 나의 10대에는 격정적인 로맨스를 가질 엄마가 없었다.(일찍 돌아가셨다.) 그래서일까. 일탈같은 생각과 행동이 있을 수가 없었다. 평온한 그림처럼 그렇게 풍경이 되어 살아온 탓에 내 딸에게서도 10대의 그 흔한 혼돈과 갈등, 고민을 헤아리지 못했던 것 같다. 감독의 말처럼 격정적인 로맨스의 정신이 아득할 정도로 충격을 주었다. 인생이 마치 흘러가는 고요한 강물처럼 생각했다. 용솟음과 소용돌이 심하게 굽이가 있음을 알아차리지 못했던 것이다.

아무튼 영화를 보는 내내 다시 딸을 낳으면 버드의 엄마처럼 굴지 않겠다고 쓸데없는 망상을 했다. 부모가 자식을 대하고 기르는 과정이 곧 자신이 경험한 부모와의 관계의 되풀이라는 것이다. 레이디 버드는 그윅 감독의 자전적 영화이기도 하다. 물론 영화 속에서의 이야기가 전부 사실은 아니지만 (버드의 엄마가) 적어도 엄마는 간호사였고 어릴적 발레리나가 꿈이었지만 성장하면서 체격이 건장해져 꿈을 포기하면서 겪어야했던 고민과 갈등이 버드라는 17세 소녀를 만들어낸 것이다. 우리의 사고로는 이해하기 힘든 미국 소녀의 평범한 삶은 특별했다. 10대 버드가 첫사랑의 다정한 대니가 게이라는 사실을 알고 충격을 받는다. 대신 첫 경험을 늘 마시는 탄산음료처럼 느끼던 시크한 칼과의 사랑은 철부지의 인생의 과정처럼 받아주는 미국 부모의 상식에는 세상 어느 부모든지 걱정이 있다는 것이다. 어린 자식을 집 떠나 먼 곳으로 떠나보내는 부모 마음은 안절부절이고 걱정투성이다. 그러나 떠나온 자식은 새로운 신세계에서 자신의 꿈을 펴고 인생의 새로운 장을 펼친다. 레이디 버드는 뉴욕으로 떠나는 공항에서 끝까지 차에서 내리지 않고 딸을 배웅하는 엄마는 딸에 대한 분노, 배신 때문에 마음에도 없는 행동을 했다. 엄마의 마음이란 늘 곁에서 품고 챙겨주고 이해해주는 것이다. 그러나 딸의 마음이란 한시라도 지긋한 잔소리에서 해방되어 날개를 달아 독립하는 것이다. 이런 것이 평범한 삶이 주는 기쁨이라고 그윅감독은 말했다. 자기 중심적으로 바라보는 소녀에게 세상은 끊임없이 변해가고 오고가는 수많은 인연과 사건들로 인해 인생이 바뀌는 것을 그윅은 버드를 통해 말해준다. 모든 부모는 자식 바보이지만 자식은 부모바보가 아니다. 부모바보가 될 수 없는 것이 세상의 이치가 물이 거슬러 올라갈 수 없듯이 우리말에 내리사랑이란 말이 있다. 그 말이 와 닿는 영화였다.

영화 '페인티드 베일'을 보고

　이 영화의 원작은 서머싯모옴의 '인생의 베일'이다. 인생에 있어서 베일이란 남자와 여자에게 어떤 모습일까? 그 베일 속에는 사랑과 욕망과 탐욕과 이기심 같은 감정들로 꽉 차 있다. 무엇보다 남자와 여자에게는 각기 다르게 베일을 만드는 것이다. 키티는 자신을 차갑게 외면하면서 옥죄는 남편 월터페인에게 말했다.'여자는 남자의 장점을 보고 사랑에 빠지지 않는다.'고 했다. 키티에게 있어서 사랑과 결혼은 즐겁고 행복해야 했다. 춤추고 노래도 하고 오락도 하면서 즐겁게 사는 것이다. 인생 목표라든지 지고한 가치관 또는 숭고한 희생과 봉사 인류애가 없어도 충분히 즐겁게 살 수만 있으면 되는 것이다.
　활발하게 재미있게 살다보면 실수도 할 수 있고 또 실패도 할 수 있는 것이 인생이라는 것이다. 그런데 월터페인은 그런 실수나 실패를 용인할 수도 없고 또 이해하지도 못하는 사람이다. 상대의 (여자의)장점이 곧 월터의 사랑의 실체이기 때문에 아내 키티의 외도는 절대로 용서할 수 없는 치명적인 일이다. 그것은 곧 자신에 대한 심한 자존심의 추락이기도 하다. 키티가 처음부터 부모의 결혼 강요에 못이겨 자신을 선택한 것을 뻔히 알고 있었지만 그것이 큰 문제가 되지 않았던 것은 곧 자신이 키티를 사랑하기 때문이었다. 그래서 아내가 결혼 생활에서 지루하고 갑갑함에 불만을 터트리는 것에 관심도 없을 뿐 아니라 이해조차 하지 않았던 것이다.

　키티가 상하이 (남편이 질병 연구를 위해서 간 곳)에서 바람둥이로 여성편력이 심한 찰스타운샌드를 만나 불구덩이로 떨어져 버릴 때 배신감 때문에 오히려 키티를 놓아주었고 이해하는 것이 아니라 징벌에 가까운 콜레라 질병이 창궐한 곳으로 데려간다. 키티를 용서할 수 없는 분노와 절망 때문이기도 하고 한편으로 자신에 대한 확대였다. 언어와 문화가 다르고 생활이 불편한 오지에서 키티와 월터는 불행하게 지내는 것이다. 결론부터 말하자면 영화의 끝은 해피엔딩이 아니라 새드엔딩이다. 고립과 불통의 주변 환경 속에서 두 사람이 서로를 이해하고 장점을 알아가는 노력 속에 미처 느껴보지 못했던 매력을 발견하고 용서를 빌고 또 화해를 했다. 그러나 운명의 신은 사람들이 행복해지려고 하면 장난을 친다. 키티가 월터의 숭고한 정신을 이해하고 사랑을 하게되자 콜레라라는 악마를 월터에게 보낸 것이다. 키티의 뱃속에 (아비가 누구인지)아기가 자라고 있다는 황홀감에 빠진 월터는 비록 아이의 아비가 누구인지 잘 모르겠다는 키티에게 상관하지 않는다는 이해심을 보이는데도 운명은 월터의 용서를 받아주지 않았다. 남편인 월터를 중국땅 오지에 묻고 영국으로 돌아간 키티에게는 다섯 살난 아들을 인생의 선물로 받는다.

　원작 인생의 베일은 영화로도 세 번이나 제작될 만큼 시간이 흘러가도 사람이 살아가는 인생은 크게 변하지 않는 것을 가르쳐준다. 남자는 여자와 결혼해서 무엇을 느끼고 발견하는 가에 대한 물음과 여자는 남자에게 시집을 가서 인생의 주인이 될 수 있는지 똑같은 기대를 하고서 결혼을 해도 결과에 대한 인식과 받아들임은 같지가 않다. 남자가 여자보다 단순하다고 한다. 어쩌면 여자들이 착각을 하는 것도 그 단순함이라는 함정에 빠져 남자를 잘 이해하지 못하는 것 같다. 남자들은 자신의 선택에 대해서 추호의 의심을 하지 않는다. 즉 자신이 사랑하기 때문에 상대도 자신을 이해해 주어야 한다는 비논리성이 단순함의 오해가 아닌가 싶다. 반대로 여자는 복잡하다고, 결혼을 해본 남자들이 너스레를 떤다. 여자들은 자신이 사랑하지 않아도 다른 조건들이 갖추어지면 잘 견뎌낸다. 문화와 제도의 차이에 따라서 여자의 인내심이 차분하게 베일을 만들기도 하고 키티처럼 실수나 실패로 그 베일을 닭이 쪼아먹은 양배추로 만들어 버린다. 한번뿐인 인생이라면 실수나 실패를 하지 않고 쭉 나가주면 더없이 좋겠지만 비록 실수를 했더라도 운명으로 만들어지지는 말아야 할 것이다.

영화 '보헤미안 랩소디'를 보고

아버지는 아들에게 바르게 보고 바르게 생각하고 바르게 행동하라고 가르쳤다. 부처님처럼. 그러나 프레디 머큐리는 보헤미안 랩소디 그 자체였다. 정직한 광기가 온통 프레디를 흔들었다. 그는 영국에서 '파키 보이'라는 놀림을 경멸로 받아들이지 않았다. 자신의 내면에서 폭발적으로 분출하는 끼와 열정으로 바르게 행동(양성애자)하는 것을 포기했지만 인간으로 태어나서 어떻게 열정과 지칠줄 모르는 음악적 영감 속에서 살 수 있을까 싶었다. 퀸의 보컬로 자신을 소개할 때 앞니가 다른 사람들보다 네 개나 더 많아 입을 크게 벌릴 수 있어 노래를 잘 부를 수 있다고 익살을 부렸다. 익살을 부렸지만 실제로 노래를 잘 한 것이다. 퀸의 리더로써 팀을 열정적이고 합리적이고 다소 독재적으로 이끌어가는 모습에서 21세기 우리의 현실은 각자 알아서 버티어내는 소시민적 사회현상에 신선한 충격을 주었다.

멤버들은 디자인, 우주 물리학자, 치의학, 전자공학을 전공한 엘리트로 구성되어 있었다. 퀸의 멤버들이 이상적인 팀원의 자세를 유지하는데 프레디의 솔직함이 크게 영향을 주었다. 작사, 작곡, 로고, 노래, 운영까지 모두 머큐리의 능력이었다. 자신은 팀의 리더가 아니라 리더 보컬이라고 했지만 뿜어내는 그의 카리스마는 압도적이었다. 퀸의 공연 무대는 이글거리는 용광로로 그 불꽃 속에서 하얀 재가 되도록 타 버리는 사람은 단연 프레디 머큐리였다. 비록 그의 성향은 양성애자로 평범한 사랑을 하지 못했지만(동성애자와 결혼했지만 인정 못 받음) 그는 사랑을 승화시킬 줄 아는 천재적 예술가였다.

예술과 연애와 사랑은 그 등식이 같다. 너무 화끈하고 소진하는데 그 열기가 무지무지하다는 것이다. 음악 영화인데도 가슴이 찡하고 눈물이 난다. 프레디의 고음과 광란의 춤동작은 분명히 사람들을 마법의 나라로 이끌어가는 힘이 되었다. 프레디는 사람의 몸 속에서 잠자고 있는 열정을 일깨워주었다. 마치 드러내지도 못하고 드러내는 방법을 몰라서 자신의 의도를 알아차리지 못한 숱한 사람들에게 들뜸과 같은 본성을 일깨워주었다. 프레디가 부르는 노랫말은 인생 철학 그 자체이다. 누구나 태어나서 한 세상 잘 살아보려고 애를 쓴다. 그 과정에서 실수도 하고 후회도 한다. 그런 자책으로 인해서 태어남 자체를 원망하는 노랫말에 곡을 붙이고 프레디가 부르면 영혼의 울림을 넘어 처절한 비명같은 광기가 된다. 오히려 그 광기가 사람들에게 잠들어있는 인생의 열정, 사랑을 흔들어준다.

우리에게 '위아 더 챔피언'으로 알려져 유명한 '위 윌 록 유'의 가사는 가슴을 슬프게 하는 것이 아니라 위로를 해주고 희망을 주며 인생의 가치를 일깨워 준다. '난 오랫동안 내 책임을 다 했어. 감방에 다녀 왔지만 난 죄를 짓지 않았어. 그저 몇 가지 실수를 좀 했을 뿐이지. 나는 내 몫의 치욕을 당해야 했지만 이렇게 버텼어. 친구야. 우리는 챔피언이잖아. 우리는 끝까지 싸울거잖아.' 노랫말처럼 인생은 봄바람처럼 포근하지 않다. 더러는 순탄한 바람에 실려 두둥실 거리겠지만 대개는 자신의 몫을 살아내기 위해서 애쓰고 실수를 하고 사랑이 와도 놓치며 살아간다. 영화를 보는 내내 인생이 참 복잡하다고 생각했던 내 가치관이 흔들렸다. 인생의 배의 키를 잡은 사공이 복잡한 항로를 향해서 갈 뿐이지, 그 배는 복잡하지 않다. 단순명료하게 삶에 있어서 사랑보다 고귀한 것이 없다. 그 사랑은 이해이고 격려이고 함께함이고 함께 기뻐하는 것이며 오래 지속시키는 힘이다. 남녀노소 가리지 않고 N차 관람(같은 작품을 여러번 보는 것)까지 유행시키는 그 열기는 무엇일까. 그것은 프레디의 '올 라잇', '에오'라는 포효하는 에너지라고 생각한다. 내 귓가에는 보헤미안 랩소디가 오래 머물고 있다. 가슴이 찡하게 울리고 있다. 눈에 눈물이 난다. 인생은 다 그런 것이라고 엄마가 내 등을 토닥거려주면 좋겠다 싶다. 프레디의 삶은 슬픔을 띈 회색이지만 그의 노래 인생은 빛나는 열정으로 가득 찼다. 슬프지만 슬퍼할 수 없는 인생 찬가이다.

영화 '기생충'을 보고

일간신문에서 요란하게 자랑했던 영화를 봤다. 2019년 칸 영화제에서 황금종려상을 받은 봉준호 감독의 블랙코메디 영화이다. 제목에서 읽혀지듯이 절대선과 절대악의 관계가 아니라 서로에게 이득이 될 수 있는 관계 즉 공생관계의 이 나라의 우울한 웃음이 넘쳐난다. 분노는 너무 자비로워졌고 흐느낌은 더 절망적이 되었다고 영국 일간지가 극찬했다. 학문적인 사실에서 기생충의 존재가치는 두 생물체 사이에서 한쪽만 일방적인 이득을 취하는 경우가 없다고 했다. 쌍방 간에 무엇인가를 주고받는 공생이 철칙인 것이다.

IT회사 사장인 박사장네는 사악한 부자이고 반지하에 사는 기택이네는 절대 선량한 빈자가 아니다. 이들의 관계는 지구촌에서 일어나는 빈부의 양극화내지 수직구조임을 블랙코메디로 나타낸 것이다. 박사장은 은근히 부리는 사람들을 향해 '선을 넘는 사람들'을 내가 가장 싫어하는 종족이라고 공공연히 말했다. 아내인 원교와 주고받는 대화 속에서 새로운 운전기사인 기택에게서 지하철타면 나는 냄새, 썩는듯한 냄새가 난다고 불만스럽게 이야기했다. 그 말 속에는 가난한 냄새가 너무 역겹다는 것이 있다. 이렇게 부자인 지상족과 빈곤한 지하족은 어떤 공간에서도 서로 타협하거나 어울릴 수 없는, 공생할 수 없는 엄연함을 드러낸다.

  봉준호 감독은 어느 인터뷰에서 선악의 이분법을 버리고 적당히 착하고 적당히 나쁜 보통의 인간을 묘사하려 했다고 한다. 그러나 가난한 사람들이 볼 때 돈이 있으면 다 착하다고 여긴다. 기택의 아내인 충숙은 평생 사람만 좋고 무능한 남편과 네 번 재수하고도 대입시험에 실패한 아들 기우, 미대에 떨어진 백수 딸 기정과 살면서 그녀의 인생관은 '돈 있으면 다 착하다'로 변했다. 돈이 다리미라고 하면서 인생살이의 모든 주름을 쫙 펴준다고 진지하게 욕을 해댄다. 그들 가족 기택, 충숙, 기우, 기정에게는 삶에서 계획이 무의미하다. 아무리 노력해봐도 지하에서 지상으로 올라갈 수 없는 현실에서 어떤 계획도 실현불가능하고 가치가 없기 때문이다. 아들 기정이 막막함에서 오는 두려움 때문에 아버지의 다음 계획이 무엇인지 묻는다. 아버지 기택의 대답이 바로 현실의 우리 모습이다. "계획이 무계획이다." 계획이 없으면 실패할 이유도 없다는 무능한 가장의 철학적인 대답인 셈이다. 그 무계획 속에는 자영업의 붕괴, 일자리 감소의 현실 청년 실업과 무능해진 은퇴자들의 어두운 분노가 서려있다. 그런데 이 영화의 표면에 드러난 것은 지상의 박사장 댁에 지하가족인 기택네가 기생하는 것으로 되어있다. 하지만 또 하나의 기생충 가족이 있다. 박사장이 이 집에 이사하기 전부터 일해 온 입주 가사 도우미인 문광 부부이다. 사채를 갚을 길이 없는 문광의 남편이 그 집 지하 공간에서 존재를 버리고 바나나와 젖병에 든 음식을 먹으면서 살고 있다. 저택의 지하 공간이란 부자가 부도났을 때 긴급탈주를 하는 벙커라고 문광이 설명하듯이 그녀의 남편이 그 지하 공간에서(벙커에서) 기생한다. 결국 지상의 가족과 지하의 가족간의 비극을 야기시킨 주범이 된다. 어쩌면 지상의 박사장과 지하의 기택네 가족의 계급구도는 아주 자연스럽게 공생할 수 있는 구도가 되어 일방적인 이득을 추구하는 비현실성이 존재하지 않을 수 없다. 그런데 문광의 남편 근세의 존재가 부각되지 않았다면 '기생충'의 이미지가 축소되거나 재미가 없었을 수도 있다. 사실 근세가 나타나기 전까지 난 감독이 이 영화의 끝을 어떻게 처리할까 조마조마했는데 결국 근세의 광기어린 살인이 비논리적이고 이성적인 현실에서 이곳저곳의 욕망을 파괴한 것이다.

영화 '피아니스트의 전설'을 보고

여덟 살 사내 아이가 처음 본 피아노를 자유자재로 친다. 학교나 유치원의 근방에 못 가본 것은 물론이고 땅을 밟아 본 적도 없는 화부의 아들(유람선 버지니아 호의 화부인 아버지를 둠)이 호기심으로 가만히 건반을 두드리는게 곧 그것이 연주가 된 것이다.

이런 말도 안되는 아이의 이름은 나이틴 헌드레드이다. 1900년 새해에 유럽과 미국을 오가는 유람선 버지니아 호에서 태어나 버려진 것을 화부에 의해 길러지면서 붙여진 이름이다. 배의 기관실에서 화부인 아버지에 의해서 글 읽는 것을 겨우 배운 것이 전부이지만 피아노 앞에 앉으면 그의 손가락은 신들린 듯이 어떤 곡도 살아나는 것이다. 심지어 누군가가 엉덩이를 흔들기 위한 춤곡을 주문하면 금새 건반 위에서 춤이 되어 흘러나온다. 선내에 있는 모든 사람들. 아메리카를 처음 보러가는 사람, 이미 여러 번 가본 사람, 돈을 벌기 위해서 가는 사람, 가족을 만나기 위해 가는 사람. 단순히 여행을 가는 사람이 밤낮으로 춤추고 꿈꾸는 것을 위해 피아노를 치는 헌드레드는 배 안의 피아니스트가 된 것이다. 그와 함께 연주 단짝인 트럼펫 연주자 친구는 시간이 흘러갈수록 헌드레드의 삶에 대해서 걱정과 함께 변화를 요구한다. 배 안에서 피아니스트가 된 것으로 광대한 인생의 경험을 포기하는 것은 옳지 않음을 충고한다. 인생의 광대함 속에는 아름다운 여자도 있고 사랑도 있고 자식도 있으며 가정이란 집에서 친구들을 초대하고 서로가 잘 하는 것에 대해 칭찬과 격려를 하면서 살아보자고 꼬드겼다. 막무가내로 배 안을 떠나지 않으려고 하는 헌드레드에게 기적이 일어난다. 뉴올리언스의 생선가게 딸을 사랑하게 된 것이다. 버지니아 호를 탄 승객인 아가씨에게 반해버린 헌드레드는 너무도 슬프고 아름다운 변주곡을 연주하게 된다. 엔리꼬 모리오네 음악의 절정이다. 가슴을 아프도록 설레게 하면서 온 정신을 마비시키는 듯한 선율이다.

인생의 광대함보다 사소한 열정이 결국 살아가게 하는 희망이며 기쁨인 것을 헌드레드가 알게 된 것이다. 드디어 태어나 한번도 육지의 단단한 땅을 밟아본

적이 없는 헌드레드가 생선가게 아가씨를 만나러 가기 위해 배애서 내리려고 한다. 배에서 내려진 긴 철제 계단을 하나씩 하나씩 내려가는 순간! 헌드레드 인생의 광대한 모습이 그려지는 듯한 찰나 발길을 돌려 배로 돌아온다. 헌드레드는 결코 한 사람을 이해하고 사랑하는 것보다 자신의 존재감에서 순수한 삶의 모습을 타협하는 것을 깨달은 것이다. 나서 자라고 성인이 될 때까지 자신의 세계 속에 꼭꼭 갇혀 틀을 벗어나지 못하는 것은 인생의 광대함에 대한 두려움인 것이다. 그 두렵고 불안한 절망을 이겨내는 것도 사랑인데 헌드레드에게 있어서는 피아노 앞에 앉아서 신들린 듯 건반을 두드리는 것이 참 사랑이었다.

영화를 보는 내내 정말 헌드레드는 아름다운 인생, 순수한 삶을 살았는가? 그에 비해 우리가 살고 있는 현실은 순수한 삶의 모습에서 점점 멀어지는 것일까? 내게 주어진 광대한 인생의 바다에서 무엇을 이루

어냈고 또 실패했고 고통받고 절망을 했던가! 잣대가 없는 인생의 바다에서 파도에 휩쓸려가지 않으려면 사소한 즐거움에 정신을 바짝 차렸는가? 영화는 영화일 뿐이다. 아름다운 음악과 춤과 노래는 순수하게 살아가는 사람들에게 두려움을 이겨내게 하는 묘약이다.

헌드레드에게 있어서 변화란 어떤 의미였을까? 아가씨로 인해서 삶의 모습이나 행동방식이 바뀌어질 수가 없었던 것이다. 너무도 완곡하게 틀에 갇혀버린 왜곡된 헌드레드의 삶의 순수함은 초월적인 경계같은 현실을 벗어날 수 없게 했다. 헌드레드에게 있어서 인생은 항상 어떤 것이 되는 기회가 없었던 것이다.

영화 '미나리'를 보고

참 잔잔하고 밋밋하다고 생각할만한 영화다. 그렇다고 감동이 없다는 것이 아니다. 선정성이나 폭력성이 없다는 뜻이다. 80년대 아칸소에서 이민자의 이야기이지만 내게는 다큐멘터리로 보였다. 그 당시의 생활상과 억척같이 삶을 살아내려는 이민자 가족의 이야기를 마치 기록으로 보여주었다. 가족사의 힘든 고난의 시간을 역사로 지금 우리에게 보여주는 것 같았다. 더 나은 삶을 위해 모국을 떠난 이민자의 정착기는 글이나 소설에서 읽었을 뿐 그 어려운 고난을 실감하지는 못했다. 그것은 모국을 떠나보지 않은 사람들은 잘 모를 것이다. 영화는 간접적인 경험을 충분히 느끼게 해주었다. 특히 이야기로만 들었던 이민자들의 정착과정에서 기독교가 한 역할은 종교를 떠나 삶 그 자체였다. 이웃과의 교류를 위해서 교회에 간다는 이야기는 정석이었다. 특유의 친밀감을 가진 종교의 특성을 여과 없이 보여주었다. 오해하기 십상인 장면들이 여러 곳에서 나타났지만 그곳은 미국이다.

미국인은 삶에 신과 종교가 깊이 자리 잡고 있어서 신에 대한 감사와 은총이 없이는 인간의 삶은 결코 편안하거나 즐거워질 수 없다. 영화 속에서 순자가 딸 집에 온 후에 사위인 제이콥과 손녀 앤과 손자 데이비드, 딸 모니카와 나란히 교회에서 예배를 보는 장면이 있다. 그때 모자를 돌리면서 헌금을 거두는데 딸이 100달러 지폐를 헌금통에 넣자 엄마인 순자가 슬쩍 꺼내는 장면이 나온다. 그것이 한국인 엄마와 이민자가 된 딸의 종교관과 생활 철학이 부딪히는 순간이었다. '미나리'에는 종교적인 장면들이 너무 노골적으로 보이는 것이 여럿이 있다. 제이콥의 농장일을 도와주는 폴의 행동은 순자의 말처럼 미친 수준이다. 주일에는 커다란 나무 십자가를 지고 걷는데, 그것이 그 당시 미국인들의 종교적 일상이 아닐까하는 것이 착각인지 실제인지 분간하기 어려웠다. 또 미나리를 심어놓은 숲속의 물가에서 순자와 데이비드의 눈에 띤 뜬금없는 뱀의 등장은 기독교 성서의 거룩한 원죄를 떠올리게 한다. 물론 이러한 기독교적인 장면들은 80년대 이민자로 살 때 그 당시의 기억을 재현한 것이다. 그렇게 말하니까 관객도 영화의 한 장면으로 생각할 뿐, 종교적인 관점으로 보지 않는 것 같다.

한 영화 저널리스트는 주인공의 이름도 다 기독교적 이미지라고 꼬집었다. 제이콥(야곱), 데이비드(다윗), 폴(바울) 등 이다. 젖과 꿀을 찾아온 가나안의 주민처럼 병아리 감별사를 관두고 농장을 일구어 개척자가 된다. 하지만 보람과 노력의 결실이 눈앞에서 화마(火魔) 속으로 사라져버린다. 다음날 다시 떠오르는 태양을 바라보면서 불굴의 희망을 가지는 가족들의 일상은 또다시 이어진다. 그 의지와 희망은 종교적인 의지가 없으면 결코 일상이 될 수 없는 것 같았다. 사실 이민사를 보여주는 회상같은 소소한 이야기가 아닐까하는 선입견을 가질 수 있다. 아주 종교적이어서 자칫 거부감을 느낄 수 있다. 그렇지만 이 영화는 회상이나 추억으로 마무리될 수 있는 것이 아니다. 역사적으로 보면 어디서나 미지의 땅에서의 개척과 정착에서 종교적인 신념과 의지가 크게 작용했다. 이제 80년대 한국인 이민자들과 같이 많은 다른 민족, 인종들이 우리나라로 들어오고 있다. 이들은 우리가 미국이나 유럽에서 겪었던 이민자의 삶과 다른 삶을 살 것이다. 그만큼 세상이 달라졌기 때문이다. 그 당시는 한번 떠나간 이민의 땅에서 되돌아오는 것이 참으로 어려웠지만 지금은 마음만 먹으면 번복이 쉽다. 그만큼 이민의 의미가 변화한 것이다. 그때는 살아남기 위해 떠났다면 지금은 어떻게 살 것인가에 대한 답으로 떠나고 돌아오는 것 같다.

　한국인은 자신이 태어난 곳에서 김치와 된장을 먹으면서 살 때 가장 편안하고 행복하다고 옛 사람들이 말했던 것 같다. 그 말의 깊은 뜻을 그때는 몰랐지만 미나리를 보면서 그 의미를 문득 깨달았다. 순자가 아칸소의 딸 집에서 뇌졸중을 앓게 된 것도 김치와 된장을 먹어야 한다는 의미를 일깨워준 것 같았다. 순자는 손자에게 화투를 가르치고 오줌싸개라고 놀리며 혼을 낸다. 다른 미국 할머니처럼 과자나 빵을 구워주지 않고 말이다. 순자는 손자에게 한국적인 것이 이민자의 정체성임을 가르쳐준 것이다. 미나리를 다큐라고 표현하고 싶은 이유는 미국적 영화이기 때문이다. 문득 80년대 라나에로스포가 부른 '사랑해'란 노래가 떠올랐다.

이상숙

법명 정법성(正法性), 호는 새벽이다.
영남대학교 국문학과를 나왔다. 심재 백순작선생님께 소학부터 사서삼경까지 10년을 수학했다. 한문서당을 열어 초중등 학생에게 천자문, 명심보감, 소학을 15년 동안 가르쳤다.
김성규교수가 펼친 '각박한 세상, 편지를 주고받는 여유있고 아름다운 세상 만들기'로 MBC 아침의 창(1993년, MC 김홍신, 송도순)에 김성규, 이상숙이 출연했다. 이 TV 프로를 현암사 회장님이 보시고 편지글을 모아 현암사에서 책으로 출판했다.
책 출판 후 대구 KBS방송국, 대구 기독교방송국에 출연하여 인터뷰를 했으며, 월간지 레이디 경향에서 책 내용을 취재하여 소개하였다.
저서로는 '결혼은 소유도 집착도 아닙니다'(1993, 현암사)와 50대의 일상의 사색을 기록한 '천리향이 꽃을 피우다'(2016, 풍경소리)가 있다.

올해의 이야기

지은이　이상숙
펴낸곳　사단법인 통섭불교원

초판 1쇄 인쇄　2025년 8월 8일
초판 1쇄 발행　2025년 8월 15일

등록번호　제344-2022-000012호
등록일자　2022년 9월 19일

주소　대구시 남구 장전1길 56 화신그린빌 101호
　　　Tel (053) 474-1208, Fax (053)794-0087
　　　E-mail : tongsub2013@daum.net

모바일 홈페이지　www.itongsub.com

값　18,000원
ISBN 979-11-980269-6-5